시편 강해 II
## 가난한 자들을 잊지 마옵소서

시편 강해 II
# 가난한 자들을 잊지 마옵소서

신혁 지음

크리스천
르네상스

# 서문

2권에서는 시편 9편부터 18편까지의 설교를 정리하였습니다. 1권에 이어지는 흐름을 이루며 하나님 나라의 진리를 전합니다.

1권의 1편부터 8편은 하나님 나라의 건설 과정을 전체적으로 그려 볼 수 있는 방식이었습니다. 시편 전체의 서론 역할을 하는 1, 2편은 율법이 세상을 다스리는 통치 원리요, 그 율법을 지키지 못해 반역자처럼 된 전 인류를 향하여 하나님은 메시아를 십자가에 못 박혀 죽게 하는 특별한 방식으로 대리 통치자를 삼으사 구원과 심판을 주도하게 하신다는 내용이었습니다. 3-8편은 메시아가 당할 죽음과, 원수 사랑으로 정의되는 그 죽음의 목적, 그로 인해 회개하는 자를 구원한다는 새로운 통치 원칙이 확정되어 그에 따라 구원받은 자들이 교회를 이루어 여호와를 찬양한다는 내용이었습니다.

2권에 담은 9편부터 18편은 마치 건물을 세울 때 먼저 기초를 닦고 기둥을 단단히 세우는 것과 같은 역할을 하는 내용입니다. 하나님 나라는 죄인을 대신해 죽임당한 메시아의 기도와 그 기도에 은혜와 능력으로 응답하시는 하나님이 세우신다는 사실입니다. 메시아의 죽음과 그 죽음 가운데 드리는 메시아의 간구가 무엇인지를 밝히고, 하나님께서 그 기도에 응답하신 결과 열방 중에서도 구원받아 하나님 백성 될 자들이 일어날 것이며 그 점을 확신하게 된 메시아가 하나님께 감사와 찬송을 올릴 것으로 18편이 마무리됩니다. 표면적으로는 주로 다윗의 일상을 근거로 하는 말씀이지만, 시편 자체의 문맥과, 신약성경이 인용하여 설명한 구절들을 통해 그와 같은 의미를 확인할 수 있습니다.

이 흐름을 따라 시편을 열어보는 성도들에게 하나님께서 크신 은혜 허락하시기를 기도합니다. 한 구절 한 구절을 통해 받아 누리는 구원의 은혜가 그토록 크고 놀라울진대, 시편 전체가 위대한 설계자에 의해 조감도로 시작하여 기초부터 마감에 이르기까지 세밀하게 그려진 기획된 설계도와 같음을 알고 이 나라 건축에 동참하려는 자에게 허락하실 은혜가 얼마나 크고 복될지 기대합니다.

출간을 후원하신 정인상 장로님, 출판을 맡아주신 정영오 장로님께 감사드립니다. 이번에도 기꺼이 교정을 위해 봉사해 준 이종섭 목사와 성도의 시각에서 설교문을 살피며 조언해 준 사랑하는 아내에게도 고마움을 전합니다. 누군가 구원의 진리에 굳게 서는 일에 이 책이 작은 도움이라도 된다면 그처럼 큰 기쁨은 없을 것입니다.

2025년 8월

신 혁

### 일러두기

1. 이 책에서 성경 말씀을 인용할 때에는 "개역한글판 성경전서"를 사용하였습니다.
2. 부록의 시편찬송가 악보는 크리스천르네상스에서 발행한 "시편찬송가"에서 가져왔습니다.

# 목차

서문 —— 4

## 시편 9편

1 주의 기사 · 시 9:1-8 —— 11
2 가난한 자의 부르짖음을 · 시 9:9-12 —— 18
3 나의 곤고를 보소서 · 시 9:13-20 —— 25
〈부록〉 말씀 묵상하며 시편찬송 부르기 · 9편 —— 34

## 시편 10편

1 악한 자가 교만하여 · 시 10:1-11 —— 39
2 가난한 자들을 잊지 마옵소서 · 시 10:12-15 —— 47
3 응답의 확신 · 시 10:16-18 —— 53
〈부록〉 말씀 묵상하며 시편찬송 부르기 · 10편 —— 62

## 시편 11편

1 터가 무너지면 · 시 11:1-3 —— 67
2 메시아의 하나님 이해 · 시 11:4-7 —— 76
〈부록〉 말씀 묵상하며 시편찬송 부르기 · 11편 —— 84

## 시편 12편

1 경건한 자와 충실한 자들 · 시 12:1-4 —— 87
2 여호와여 저희를 지키사 · 시 12:5-8 —— 93
〈부록〉 말씀 묵상하며 시편찬송 부르기 · 12편 —— 102

## 시편 13편

1 죽음의 심연 · 시 13:1-2 —— 107
2 그 사망을 잠들지 않게 · 시 13:3-6 —— 114
〈부록〉 말씀 묵상하며 시편찬송 부르기 · 13편 —— 122

시편 강해 II
# 가난한 자들을 잊지 마옵소서

**시편 14편**

1 무지한 자를 위해 · 시 14:1-3 —— 125
2 하나님이 의인의 세대에 · 시 14:5-7 —— 131
〈부록〉 말씀 묵상하며 시편찬송 부르기 · 14편 —— 140

**시편 15편**

1 주의 장막에 유할 자 · 시 15:1-5 —— 145
〈부록〉 말씀 묵상하며 시편찬송 부르기 · 15편 —— 156

**시편 16편**

1 메시아의 기쁨 · 시 16:1-4 —— 159
2 주의 거룩한 자로 썩지 않게 · 시 16:7-11 —— 169
〈부록〉 말씀 묵상하며 시편찬송 부르기 · 16편 —— 178

**시편 17편**

1 흠을 찾지 못하셨으니 · 시 17:1-5 —— 183
2 주의 인자를 나타내소서 · 시 17:6-12 —— 191
3 깰 때에 주의 형상으로 · 시 17:13-15 —— 199
〈부록〉 말씀 묵상하며 시편찬송 부르기 · 17편 —— 208

**시편 18편**

1 구원하신 날에 · 시 18:1-3 —— 213
2 내 소리를 들으심이여 · 시 18:4-24 —— 220
3 우리 하나님 · 시 18:25-31 —— 229
4 내가 열방 중에서 · 시 18:32-50 —— 238
〈부록〉 말씀 묵상하며 시편찬송 부르기 · 18편 —— 248

# 시편 9편

주의 기사
가난한 자의 부르짖음을
나의 곤고를 보소서

Psalms

## Chapter 1

## 주의 기사

내가 전심으로 여호와께 감사하오며 주의 모든 기사를 전하리이다 내가 주를 기뻐하고 즐거워하며 지극히 높으신 주의 이름을 찬송하리니 내 원수들이 물러갈 때에 주의 앞에서 넘어져 망함이니이다 주께서 나의 의와 송사를 변호하셨으며 보좌에 앉으사 의롭게 심판하셨나이다 열방을 책하시고 악인을 멸하시며 저희 이름을 영영히 도말하셨나이다 원수가 끊어져 영영히 멸망하였사오니 주께서 무너뜨린 성읍들을 기억할 수 없나이다 여호와께서 영영히 앉으심이여 심판을 위하여 보좌를 예비하셨도다 공의로 세계를 심판하심이여 정직으로 만민에게 판단을 행하시리로다 (시 9:1-8)

우리는 시편 1편부터 8편까지 하나의 큰 단락을 이루고 있음을 확인했습니다. 1편은 율법이 하나님의 통치 원칙임을, 2편은 율법을 어겨 하나님께 반역자가 된 인간을 하나님께서 어떻게 하실지를 밝힙니다. 십자가에 못박혀 죽으실 메시아를 왕으로 세워 그를 믿고 회개하는 자들을 구원하시되 끝까지 회개하지 않는 악인들은 심판하신다는 의미입니다. 그리고 3편부터 8편까지는 메시아의 고난과 기도를 통해 구원과 심판을 이루는 자세한 과정과, 그 결과 구원 얻은 사람이 자기에게 주어질 영광으로 하나님께 찬송과 감사를 드리게 될 것임을 보여주었습니다.

　새로운 문단이 시작되는 9편 이후는 8편까지의 흐름에서 제시된 구원 역사를 더욱 자세히 밝히는 구조입니다. 시편 8편이 3편부터 시작된 구원의 은혜를 받은 자들이 드리는 감사와 찬송으로 마무리된 것처럼, 9편 이후로는 심판과 구원의 과정에 대한 계시로 시작하여 마지막 부분인 145편 이후에 찬양시가 집중적으로 배치되었습니다. 시편 전체를 통해 제시된 계시를 따라 구원 얻은 자들은 최종적으로 하나님께 감사와 찬송을 드릴 수밖에 없다는 사실로 마무리하는 것입니다.[1]

　9편부터는 8편까지의 말씀에서 확인한 대로 메시아가 통치자가 되어 온 세상 모든 민족을 대상으로 구원과 심판의 하나님 나라를 이루어 가는 과정을 자세히 보여줍니다. 9편에서 **"내가"**로 묘사된 부분은 메시아를 예표합니다. 이 말씀을 하시는 분이 하나님께 간구하는 신분인(10) 동시에 성도들을 향해 **"너희"**라 부르며(11) 명령하는 권세를 가진 분이기 때문입니다. 메시아 외엔 이러한 중보자의 권세를 가진 이가 없습니다. 그와 같은 관점에서 9편을 이해할 필요가 있습니다.

　메시아는 장차 일어날 일을 내다보며 이렇게 고백합니다. **"내가 전심으로 여호와께 감사하오며 주의 모든 기사를 전하리이다"**(1). 주님께

---

[1]　이와 같은 흐름을 따라 살펴본 시편 각 권의 중심 주제는 대략 다음과 같이 나눌 수 있다. 1권(1-41편)은 죄인들을 구원하여 하나님 나라를 세우기 위해 메시아가 행하는 일이 무엇인지, 어떤 자들이 그 은혜를 입는지를 자세히 밝힌다. 2권(42-72편)은 메시아를 통해 구원 얻어 하나님 백성이 된 성도들이 어떤 특성을 보이는지를 밝힌다. 억눌림과 회개, 기도와 확신 등 하나님 백성이 된 자들이 보이는 모습을 알려준다. 3권(73-89편)은 하나님 백성이 고난 중에 보이는 특징과 하나님의 응답이 언약의 형태로 주어짐을 보여준다. 4권(90-106편)은 언약의 하나님을 섬기는 교회이기 때문에 나타나는, 혹은 나타내야 하는 성도의 특별한 모습을 이야기한다. 5권(107-150편)은 언약 백성들이 보이는 특별한 모습을 구체적으로 계시한다.

서 행하신 기이한 일에 전심으로 감사하며 그 모든 기사를 온 세상에 전하겠다는 의지입니다. **"기사"** 는 인간의 능력을 초월한 이례적 일을 가리킵니다. 쉽게 이해하거나 믿을 수 없는 놀라운 일이 일어날 때 사람들은 대개 기적이라고 부릅니다. 하지만 여기서 말하는 **"기사"** 는 사람들이 흔히 경험하는 차원의 기적을 이야기하지 않습니다. 본문에서 말하는 기적은 8편까지의 말씀을 기반으로 합니다. 곧 하나님이 메시아의 요청을 받아들이셔서 회개한 죄인들이 구원받아 하나님 나라 백성이 되고, 끝까지 회개하지 않은 악인들은 반드시 자기 죄를 따라 심판받으리라는 통치 원칙을 세우신 사실을 가리킵니다. **"내게 구하라 내가 열방을 유업으로 주리니 네 소유가 땅 끝까지 이르리로다"** (시 2:8)라고 약속하신 대로 하나님은 메시아의 요청을 따라 율법을 어긴 죄인이자 하나님의 원수라 하더라도 회개하기만 하면 메시아의 죽음을 대가 삼아 의인으로 여겨 주시기로 하셨습니다. 원수를 하나님의 가족으로 받아들이기로 하셨습니다. 죽을 수밖에 없는 자들이 영원한 생명으로 살 길이 열렸습니다. 반면에 악인들은 아무리 은밀히 죄를 저질렀더라도 반드시 심판받을 것입니다.

1절은 그 자체가 놀랄 수밖에 없는 기적임을 알리고 있습니다. 그리고 그 일을 행하신 하나님께 전심으로 감사하며 그 모든 기사를 전하겠다고 합니다. '전하겠다'는 말은 단순히 소개한다는 의미에 그치지 않습니다. 만천하를 대상으로 하나님의 기이한 구원 사역을 이루어 가겠다는 뜻입니다. 회개한 자를 구원하시고 악인을 심판하시는 기이한 구원 사역을 행하신 하나님께 감사드리며, 또한 그 구원의 은혜를 온 세상에 널리 전하겠다는 것입니다.

메시아는 하나님께서 그 일을 완성하실 것을 확신하십니다. **"내가 주를 기뻐하고 즐거워하며 지극히 높으신 주의 이름을 찬송하리니"** (2).

"주의 모든 기사를 전하리이다"라고 고백한 후에 기쁨과 즐거움으로 주의 이름을 찬송할 것을 말합니다. 하나님께서 메시아의 사역을 절대적으로 지지하시며 완성케 하실 것을 확신한다는 뜻입니다. 메시아는 그 사실을 확신하기에 장차 주를 기뻐하고 즐거워하며 주의 이름을 찬송할 것이라고 말합니다. 회개하는 죄인들을 구원하시고 끝내 죄를 고집하는 악인들을 반드시 심판하시는 하나님의 통치 원칙이 확정되었으며, 메시아가 그 원칙대로 온 세상을 다스릴 때 하나님께서 절대적으로 지지하시며 완성케 하실 것을 알고 드리는 고백입니다.

그와 같은 흐름을 따라 주께서 행하시는 기이한 일에 관하여 구체적으로 언급합니다. 악인들이 받을 심판에 관해 먼저 언급합니다. **"내 원수들이 물러갈 때에 주의 앞에서 넘어져 망함이니이다"**(3). 메시아의 요청대로 통치 원칙이 확정되었기에 그에게 복종하지 않는 모든 원수가 패배하여 망할 것이라는 뜻입니다. 여기서 원수들은 여전히 회개하지 않는 자들입니다. 그들이 심판받기로 이미 결정되었다는 것입니다. 회개하지 않는 자들은 죽을 수밖에 없습니다. 하나님께서 메시아의 소송에 재판장이 되어 판결하셨기 때문입니다. **"주께서 나의 의와 송사를 변호하셨으며 보좌에 앉으사 의롭게 심판하셨나이다"**(4). 4절은 '왜냐하면 주께서 나의 심판과 소송을 행하셨으며 의로우신 재판장으로 보좌에 앉으셨기 때문입니다'라는 의미입니다. **"나의 의와 송사를 변호하셨으며"**는 '나의 심판과 소송을 행하셨다'는 뜻으로 메시아가 원수들에게 내린 구형을 심판의 보좌에 앉으신 하나님께서 인정하셨다는 말입니다. 마치 검사가 증거를 기반으로 형량을 구형하면 재판장이 확정판결 내리는 것과 같습니다. 하나님의 법정은 메시아의 요구대로 심판이 이루어집니다. 회개하지 않는 죄인을 의로운 판결로 확실히 심판하실 것입니다. 온전히 의로우신 하나님이 재판장이 되어 심판의 보좌에 앉아 계시기 때문입니다.

그 결과 원수들에 대한 심판이 확실하게 이루어질 것입니다. **"열방을 책하시고 악인을 멸하시며 저희 이름을 영영히 도말(塗抹)하셨나이다 원수가 끊어져 영영히 멸망하였사오니 주께서 무너뜨린 성읍들을 기억할 수 없나이다"**(5,6). **"열방"**과 **"악인"**을 평행으로 둔 것은 시편 2편에서 나라와 민족들을 하나님과 그의 메시아를 대적하는 세력으로 언급한 것과 관련 있습니다. 회개하지 않은 모든 민족, 모든 사람에 대한 하나님의 심판이 엄위하게 이루어져서 그들의 존재를 찾아볼 수 없게 되었다는 것입니다. 원수도 사랑하시는 메시아의 호의를 무시하고 여전히 죄 가운데 거하기를 즐거워하며 회개하지 않는 악인들은 영원히 하나님 나라에서 추방당하리라는 뜻입니다. 이미 일어난 일인 것처럼 완료형 동사를 사용한 것은 원수들에 대한 정복이 이미 끝난 것과 다름없다는 의미입니다. 아말렉 족속의 경우와 같습니다. 하나님의 뜻을 따라 모세가 이스라엘을 인도하여 가나안으로 향하는 도중 아말렉 족속이 이스라엘 백성을 대적하였습니다. 하나님은 모세에게 그들에 관해 예언하게 했습니다. **"여호와께서 모세에게 이르시되 이것을 책에 기록하여 기념하게 하고 여호수아의 귀에 외워 들리라 내가 아말렉을 도말하여 천하에서 기억함이 없게 하리라"**(출 17:14). 이 예언은 히스기야 시대에 시므온 사람들에 의해 성취됩니다. **"또 시므온 자손 중에 오백 명이 이시의 아들 블라댜와 느아랴와 르바야와 웃시엘로 두목을 삼고 세일 산으로 가서 피하여 남아 있는 아말렉 사람을 치고 오늘까지 거기 거하였더라"**(대상 4:42,43). 그들은 다시금 일어서지 못하고 역사의 무대에서 사라졌습니다. 뿌리째 뽑혀 더 이상 식별할 수 없는 도시가 되고 말았습니다. 시편 본문은 그와 같은 엄중한 심판이 메시아의 호의를 무시하고 여전히 회개하지 않는 자들 모두에게 임할 것임을 선포하는 것입니다. 하나님께서 메시아의 요청대로 심판을 결행하신 결과 회개치 않는 자들은 아말렉 족속처럼 하나님 나라에서 영원히 그 자취를 찾아볼 수 없는 죽은 자가 될 수밖에 없습니다.

**"여호와께서 영영히 앉으심이여 심판을 위하여 보좌(寶座)를 예비하셨도다 공의로 세계를 심판하심이여 정직으로 만민에게 판단을 행하시리로다"**(7,8). 끝내 회개하지 않는 악인은 장차 반드시 심판받게 될 것이 확정되었다는 선포입니다. **"예비하셨도다"**는 '확고해졌다, 고정되고 확립되었다'는 뜻입니다. 하나님 통치의 권세는 회개한 자들의 모든 죄를 사하시고 구원하시되 악인들은 죗값대로 심판하실 것이 분명하다는 말입니다. 하나님이 그 보좌에 앉으사 영원히 다스리실 것입니다. 공의로 세계를 심판하시고 공정하게 만민을 판단하실 것입니다. **"정직"**은 '공평, 정직, 공정함'의 뜻을 가진 단어로 사람에게 적용될 때는 주로 '정직'으로, 하나님께 적용될 때는 '공평하고 공정함'의 뜻으로 사용됩니다. 악인이 심판받지 않는다거나 회개한 죄인이 심판받는 것 같은 일은 하나님의 보좌에서 절대 일어나지 않는다는 의미입니다. 의로우신 하나님께서 세상 모든 사람에게 그와 같은 통치를 베푸실 것입니다. 그 다스림을 벗어날 사람은 아무도 없습니다.

의로우신 하나님의 통치권이 확고히 세워졌습니다. 회개한 자들을 의인으로 여겨 하늘의 영광을 허락하시는 은혜와, 회개하지 않음으로 끝까지 악인과 원수로 남기를 고집하는 악인들을 질그릇같이 부수는 권능을 지닌 통치권입니다. 온 세상 모든 만민 중 누구도 이 통치권을 벗어날 수 없습니다. 이것이 바로 주의 기사입니다. 죄로 인해 멸망의 죽음만 기다리던 인간에게 거룩하신 하나님이 이와 같은 통치를 베풀기로 하셨다는 것처럼 놀라운 소식은 없습니다. 기적 중의 기적은 죄인이 회개하여 구원 얻는 일이고, 악인은 반드시 공평한 심판을 받는 일입니다. 메시아는 자신의 요청대로 이 놀라운 일을 이루신 여호와 하나님을 찬송하며, 또 온 천하에 이 사실을 전하시는 것입니다.

*Chapter 2*

## 가난한 자의 부르짖음을

여호와는 또 압제를 당하는 자의 산성이시요 환난 때의 산성이시로다 여호와여 주의 이름을 아는 자는 주를 의지하오리니 이는 주를 찾는 자들을 버리지 아니하심이니이다 너희는 시온에 거하신 여호와를 찬송하며 그 행사를 백성 중에 선포할찌어다 피 흘림을 심문하시는 이가 저희를 기억하심이여 가난한 자의 부르짖음을 잊지 아니하시도다(시 9:9-12)

끝내 회개하지 않은 원수들을 메시아의 요청에 따라 영원히 심판하시는 하나님의 통치권이 온 세상 모든 만민을 대상으로 확립되었음을 선포한(1-8절) 후 메시아는 하나님과 백성을 향해 각각 바라는 바를 말씀합니다. 먼저 회개한 자들을 위해 하나님께 간구합니다. 우리말 성경에는 **"여호와는 압제를 당하는 자의 산성이시요 환난 때의 산성이시로다"**(9)라고 번역되었으나 원문은 '여호와여 억눌린 자에게 산성이, 고통당할 때 피할 곳이 되소서'라는 뜻입니다.[2] 억눌린 자, 고통당하는

---

2 '되소서'로 번역된 단어를 대부분의 성경이 단순 미완료로 이해하여 여호와를 설명하는 말로 번역하나 원문은 간접 명령형(jussive)으로 불리는 문법 형태로 소원이나 요망을 표현한다. 시편 90:17에서는 같은 단어를 간접 명령형의 의미를 따라 "임하게 하사"로 번역한다.

자들을 보호해 주시라는 간구입니다. 언뜻 보면 물리적으로 고난받는 사람들을 이야기하는 것처럼 보이지만 흐름에 따르면 회개하는 죄인들을 위한 간구입니다. 죄 때문에 짓눌리고 괴로워하는 심령을 가리키고 있습니다. 육체적으로 짓눌리는 큰 고통이 오면 기도하게 되어 있습니다. 하지만 성도에게 더 크고 중요한 억눌림과 고통은 죄로 인한 것입니다. 만일 죄 문제에는 아무런 부담도 없으면서 환경적인 고난에만 괴로움을 느낀다면 신자라 할 수 없습니다. 신자는 죄로 인해 먼저 억눌리고 고통당하게 되어 있습니다. 죄의 결과가 사망의 심판이요, 그것처럼 두렵게 하는 일은 없기 때문입니다.

메시아의 요청은 죄에 억눌리고 고통당하는 자들을 하나님께 부탁하는 것입니다. 회개하지 않아서 끝까지 악인으로 남은 자들을 심판하시되(1-8절) 회개한 자들은 보호해 주시라고 청합니다. 죄로 인해 억눌리고 고통받을 때 하나님이 든든한 산성이 되어주시라는 말입니다. 영원한 하나님의 통치권으로 그 복을 허락해 주시라는 간구입니다.

메시아는 하나님께서 그 믿음을 백성들에게 허락해 주시기를 청원합니다. **"여호와여 주의 이름을 아는 자는 주를 의지하오리니 이는 주를 찾는 자들을 버리지 아니하심이니이다"**(10). 이 구절에서도 **"주를 의지하오리니"**를 '주를 의지하게 하소서'라고 할 수 있습니다.[3] '여호와여 주의 이름을 아는 자들로 주를 의지하게 하소서 이는 주를 찾는 자들

---

3    형태는 단순 미완료와 같으나 간접 명령형 형태와 구별되지 않는 경우가 많으므로(히브리어 문법. W. 게제니우스 지음. E. 카우치 개정. 신윤수 옮김. 비블리카 아마데미아. p198, 485.) 문맥에서 그 의미를 선택해야 한다. 김성수 교수는 **"제3연의 전반부 9-10절과 후반부 11-12절이 각각 「Jussive + יכ」 와 「명령형 + יכ」 의 동일한 구조를 가지고 있는 만큼 전반부의 두 Jussive가 후반부 11절의 2인칭 복수 명령으로 이어지는 것으로 보는 것이 나은 듯하다"**고 설명한다(시편 설교 2, 김성수. 마음샘. p41, 44).

을 버리지 아니하심이니이다'라는 뜻입니다. 악인을 철저히 심판하시는 하나님이시되 회개하는 자들에게는 무한한 자비를 베푸시는 분인 줄 알게 하시어 그들이 주님을 의지하게 해 주시라는 것입니다. 주를 찾는 자들을 절대 버리지 아니하시는 하나님이심을 알게 되면 죄와 고난으로 짓눌린 자들이 언제라도 주님을 의지할 수 있기 때문입니다. 주님을 찾아 의지하는 것까지도 주께서 베푸시는 은혜입니다. 메시아는 회개하는 자들을 위해 하나님께 그와 같은 은혜를 간구합니다. 회개하고, 예수님을 믿어 구원 얻는 것까지도 하나님께서 주시는 은혜가 우선입니다. 하나님이 믿음을 선물로 주셔야 비로소 자기 믿음을 내게 됩니다. **"영접하는 자 곧 그 이름을 믿는 자들에게는 하나님의 자녀가 되는 권세를 주셨으니 이는 혈통으로나 육정으로나 사람의 뜻으로 나지 아니하고 오직 하나님께로서 난 자들이니라"**(요 1:12,13)는 말씀과 같습니다. 하나님께서 먼저 자녀로 태어나게 하신 자가 예수님을 믿어 영접하는 것입니다. 메시아는 그와 같은 은혜를 온 세상 만민 중에 주의 백성 삼으실 자들에게 베풀어 주시기를 구하고 있습니다.

메시아는 구원받은 자들에게 명합니다. **"너희는 시온에 거하신 여호와를 찬송하며 그 행사를 백성 중에 선포할지어다"**(11). 시온에 거하시는 하나님을 찬송하고 하나님이 하신 일을 **"백성 중에"** 선포할 것을 명령합니다. 시온은 악인을 심판하시고 회개하는 죄인에게는 은혜를 베풀어 구원 얻게 하시는 하나님의 통치 보좌가 있는 곳입니다. 구원받은 자들은 그와 같은 통치를 베푸시는 하나님을 찬송해야 마땅하다는 뜻입니다. 앞서 메시아가 하나님께 드린 요청이 그대로 성취되었음을 암시합니다. 주의 이름을 알아 주를 의지하는 자들은 절대로 버림받지 않는다는 것입니다. 메시아를 통하여 죄인들과 다시 화목할 수 있는 길을 마련하시고 그들에게 의의 산성이 되어주시고 영원한 안식처를 제공하신 하나님의 은혜를 찬송하는 것이 이 나라 백성들에게 가장 두드러지게 나타나는 특징입니다.

메시아는 또 **"그 행사를 백성 중에 선포할지어다"**라고 합니다. **"그 행사"**란 여호와 하나님께서 악인을 심판하시고 회개하는 죄인을 구원하시는 모든 역사를 말합니다. 원수들을 심판하시되 그들 중에서 회개하는 자들을 어떻게 사랑하는 친 백성으로 삼으시는지, 그 모든 과정과 방식에 담긴 은혜와 능력을 백성 중에 선포하라는 것입니다. **"백성"**은 '백성들'이라는 복수 형태로 여러 민족과 나라들을 의미합니다. 그들에게 **"그 행사"**를 선포하라는 말씀은 천하 만민에게 하나님이 행하신 기이한 일을 알게 하라는 뜻입니다. 1절에서는 메시아 입장에서 **"주의 모든 기사를 전하리이다"**라고 했던 것이 본 절에서는 구원받은 자들에게 명령으로 주어집니다. 이는 구원의 은혜를 먼저 받은 사람들이 메시아 사역에 동참함으로 하나님의 통치 권세가 온 세상에 퍼져 나갈 것을 알려줍니다.

'선포한다'는 말은 전파하는 것을 포함하여 하나님을 경외하는 삶과 감사와 찬송으로 하나님이 어떤 분이신지를 만백성에게 알리는 행위입니다. **"선포할지어다"**와 **"찬송하며"**가 평행된다는 사실은 찬송도 곧 선포라는 의미입니다. 찬송이 선포이고 선포가 찬송입니다. **"주여 내 입술을 열어주소서 내 입이 주를 찬송하여 전파하리이다"**(시 51:15)라는 말씀과 같습니다. 기이한 일을 행하신 하나님을 백성들이 소리 높여 찬송하는 것을 보고도 사람들이 이 나라의 복됨과 아름다움을 알게 됩니다. 찬송도 곧 선포인 것입니다.

더 나아가 굳이 말로 하지 않을 때라도 존재 그 자체가 선포이기도 합니다. **"하늘이 하나님의 영광을 선포하고 궁창이 그의 손으로 하신 일을 나타내는도다"**(시 19:1)라는 말씀처럼 존재하는 방식 자체가 하나님의 영광과 그 솜씨를 드러내는 것입니다. 마찬가지로 성도들이 자기를 구원해 주신 하나님의 은혜를 알고 그 이름을 영화롭게 하는 방식으로 살아가는 것 자체가 하나님의 이름을 알리는 일입니다. 광활한 우주 만물의 존재 자체가 하나님이 어떤 분이신지를 드러내듯 먼저 구원받은 성도는 그 존재와 삶 자체로 "시온에 거하신 여호와"를 만국 백성에게 드러내어 전하는 역할을 하게 되어 있습니다. 의무이자 특권입니다. 그 결과 이방인들까지 하나님의 백성이 되는 은혜가 주어집니다. "오직 너희는 택하신 족속이요 왕 같은 제사장들이요 거룩한 나라요 그의 소유된 백성이니 이는 너희를 어두운 데서 불러내어 그의 기이한 빛에 들어가게 하신 자의 아름다운 덕을 선전하게 하려 하심이라"(벧전 2:9,10)는 말씀과 같습니다. 먼저 구원받은 자들이 왕 같은 제사장이 되어 만국 백성에게 하나님이 행하신 기이한 일을 전한 결과입니다. 메시아의 뜻을 따라(1절) 성도들의 찬송과 선포를 통해 온 세상 모든 만민에게 하나님의 통치권이 알려지게 될 것입니다.

그래야 할 마땅한 이유가 있습니다. 12절이 '왜냐하면'이라는 말로 시작하여 그 이유를 밝힙니다. '왜냐하면 피 흘림을 심문하시는 이가 저희를 기억하심이여 가난한 자의 부르짖음을 잊지 아니하시기 때문이다'라는 뜻입니다. '심문하다'는 '찾다, 조사하다'라는 뜻입니다. 하나님은 피 흘림을 찾는 분이시라 합니다. 악인들을 기억하고 반드시 합당한 보응을 내리는 분이시라는 것입니다. '악인들'은 회개하지 않은 모든 사람을 가리킵니다. 그들이 말과 행실로 남을 억울하게 했던 모든 악행은 피 흘리게 하는 사악한 폭력과 같으며 회개하지 않는 자들의 악행은 고스란히 피 흘림의 죄로 남습니다. 하나님은 그들을 반드시 벌하실 것입니다. 심판의 주인이시기 때문입니다. 온 천하 만민을 대상으로 그와 같은 통치를 베푸실 것입니다.

동시에 하나님은 가난한 자의 부르짖음을 잊지 않으시는 분이십니다. **"가난한 자의 부르짖음을 잊지 아니하시도다"**(12). **"가난한 자"**란 외부의 도움이 없으면 살 수 없는 자를 가리킵니다. 그 단어가 여기에 처음 등장합니다. 지금까지의 흐름을 생각할 때 **"가난한 자"**는 단순히 물리적인 차원에서 궁핍한 사람이 아니라 자기의 의가 없어도 회개함으로 하나님의 백성이 된 자를 가리킵니다.[4] **"압제를 당하는 자"**, **"환난 당하는"** 자가 '죄로 인해 짓눌리고 고통당하는' 자를 가리킨다는 말씀과(9절) 상통합니다. '악인'과 반대편에 서 있긴 하지만, 스스로는 의가 없어 의를 거저 받아야 살 수 있는 자라는 의미에서 **"가난한 자"**라고 부르는 것입니다. 즉 자기가 죄인이며, 의가 없어서 하나님의 은혜를 받아야만 구원 얻을 수 있음을 아는 사람입니다. 이런 배경에서 예수님은 **"심령이 가난한 자는 복이 있나니 천국이 저희 것임이요 애통하는 자는 복이 있나니 저희가 위로를 받을 것임이요"**(마 5:3,4)라고 말씀하셨습니다. 자기 의가 없어 심판을 면하려면 외부의 도움에 절대적으로 의존해야 하는 사람을 성경은 **"심령이 가난한 자"**요 **"애통하는 자"**라고 묘사하고 있습니다.

하나님은 그런 자들의 부르짖음을 잊지 않으시는 분이십니다. 하나님 나라에 거할 만한 의가 전혀 없는 자들이 자기의 비참함을 알고 회개하며 의를 구할 때 응답하십니다. 하나님의 왕권은 의가 없어서 심

---

4 **"가난한 자"**라는 말의 의미는 상식선이 아닌 시편에서 찾아야 한다. 이 시편에는 '원수, 열방, 악인, 무너뜨린 성읍들, 미워하는 자, 하나님을 잊어버린 모든 열방'으로 묘사된 한 부류와 그 반대편에 '나, 압제당하는 자, 환난 당하는 자, 주의 이름을 아는 자, 주를 찾는 자, 그 백성, 궁핍한 자, 가난한 자(19)'라 불리는 한 부류가 있다. 이렇게 볼 때 **"가난한 자"**는 악인과 회개하지 않은 원수, 믿지 않는 세상과 반대편에 서 있는 사람이다.

히 억눌릴 뿐만 아니라 고통과 비참으로 애통해하는 자들의 피난처가 되어주시는 권세입니다. 그들의 든든한 산성이 되십니다. 죄로 인해 심령이 짓눌리고 애통하는 자가 의를 구하면 반드시 의로 배부름을 얻게 하시며, 영육 간에 비참하고 가난한 자가 도움을 구할 때 하나님은 절대 외면하시지 않으십니다. 그들의 부르짖음을 절대 잊지 아니하시고 응답하십니다.

이와 같은 속성을 가진 하나님의 통치가 온 세상을 대상으로 확장될 것입니다. 악인을 철저히 벌하시되 회개하여 의인 된 가난한 자들의 부르짖음에 반드시 응답하시는 하나님의 통치가 천하 만민을 대상으로 베풀어질 것입니다. 메시아의 다짐이었던 그 일이(1절) 메시아의 간구와 명령에 따라 하나님의 역사와 먼저 구원 얻은 자들의 찬송과 선포로 온 세상에 전해질 것입니다.

## Chapter 3

## 나의 곤고를 보소서

여호와여 나를 긍휼히 여기소서 나를 사망의 문에서 일으키시는 주여 미워하는 자에게 받는 나의 곤고를 보소서 그리하시면 내가 주의 찬송을 다 전할 것이요 딸 같은 시온의 문에서 주의 구원을 기뻐하리이다 열방은 자기가 판 웅덩이에 빠짐이여 그 숨긴 그물에 자기 발이 걸렸도다 여호와께서 자기를 알게 하사 심판을 행하셨음이여 악인은 그 손으로 행한 일에 스스로 얽혔도다(힉가욘, 셀라) 악인이 음부로 돌아감이여 하나님을 잊어버린 모든 열방이 그리 하리로다 궁핍한 자가 항상 잊어버림을 보지 아니함이여 가난한 자가 영영히 실망치 아니하리로다 여호와여 일어나사 인생으로 승리를 얻지 못하게 하시며 열방으로 주의 목전에 심판을 받게하소서 여호와여 저희로 두렵게 하시며 열방으로 자기는 인생 뿐인줄 알게 하소서(셀라)(시 9:13-20)

메시아는 그의 간구와 명령을 통해 악인이 심판받고 가난한 자가 위로 받는 하나님의 통치가 온 세상 모든 만민에게 이루어질 것을 알리셨습니다. 그리고 다시 1인칭 시점으로 돌아와[5] **"나를 긍휼히 여기소서"**라는 말씀으로 자신을 하나님께 의탁합니다. **"여호와여 나를 긍휼히 여**

---

[5] 1절에서 **"내가"**라는 호칭이 메시아를 암시함을 살펴보았다. 같은 시편에서 **"나를"**(13절)이 특별한 설명 없이 다른 대상을 지칭한다고 보기는 어렵다.

기소서 나를 사망의 문에서 일으키시는 주여 미워하는 자에게 받는 나의 곤고를 보소서"(13). 내용을 얼른 이해하기 어려운 구절입니다. 앞에서 이미 원수들이 물러가고 넘어져 망했으며(3절), 또 원수가 끊어져 영영히 멸망하였고(6절) 심판을 위한 보좌를 예비하셨다고(7절) 하였기 때문입니다. 대적을 심판하는 일이 끝난 것처럼 말한 뒤에 이처럼 자신은 여전히 고난 중에 있으므로 긍휼히 여겨 주시기를 구하는 것은 어색해 보입니다. 하지만 흐름을 따라 살피면 그 진정한 의미를 알 수 있습니다. 12절까지는, 죄인을 심판하시되 회개하는 자를 구원하시는 통치를 온 세상 모든 만민에게 베풀어 주시라는 하나님을 향한 메시아의 기도와, 또 교회를 향해서는 찬송과 선포로 하나님의 통치를 전하라는 명령을 담고 있다고 했습니다. 하나님의 통치는 메시아의 간구와 명령대로 온 세상을 대상으로 펼쳐질 것입니다. 하나님의 주관하에(9,10) 교회가 메시아의 뜻에 순종하여 **"여호와를 찬송하며 그 행사를 백성 중에 선포"**(11,12)함으로 그 일이 이루어질 것입니다.

그러나 본문은 메시아가 기도하고 명령한 일이라도 저절로 이루어지지 않으며 그렇게 할 만한 기반이 마련되어야 함을 보여줍니다. 그 기반은 메시아의 죽음과 부활입니다. 메시아가 하나님을 향하여 **"나를 사망의 문에서 일으키시는 주여"**라고 부르면서**"나를 긍휼히 여기소서"**, **"미워하는 자에게 받는 나의 곤고를 보소서"**라고 호소하는 것은 단지 사람들이 흔히 겪는 고통이나 괴로운 상황에서 건져주시기를 바라는 간구가 아닙니다. 병행되는 14절과 함께 살필 때 그 점을 알 수 있습니다. **"그리하시면 내가 주의 모든 찬송을 전하고 딸 같은 시온 문에서 주의 구원을 기뻐하리이다"**(14). **"사망의 문"**(13절)이 '딸 시온의 문'과 대조됩니다. **"시온"**은 하나님께서 메시아를 왕으로 세우신 곳으로(시 2:6) 하나님의 성읍을 가리킵니다. **"문"**은 고대 성읍의 재판정 역할을 했던 곳으로(룻 4:1-12 참고) 하나님께서 좌정하사 통치하시는 곳을 의미합니다. 곧 하나님의 성읍을 다스리는 통치 보좌가 '딸 시온의 문'이며, 이것이 **"사망의 문"**과 대조된다는 사실은 하나님의 권세는 '생명의 나라를 다스리는 왕권'이라는 의미입니다. 그렇다면 **"사망의 문"**은 단순히 죽을 것 같은 고통을 느끼는 괴로운 현실 자체를 가리키는 것이 아니라 하나님의 사랑을 입지 못하여 죽음이 왕노릇하는 영역입니다. 정리해 보면, 메시아는 죽음의 영역에서 하나님의 긍휼로 살아나게 되기를 간구하고 있는 것입니다. 메시아가 **"나를 긍휼히 여기소서, 미워하는 자에게 받는 나의 곤고를 보소서"**라고 호소하는 것은 원수들에게 죽임당한 자신을 사망에서 일으켜 주시라는 뜻입니다. 사망에 놓인 자신을 다시 살려주시라고 간구하는 것입니다.

하나님께서 그렇게 해 주셔야 하는 목적을 14절이 밝히고 있습니다. 사망에서 일어나 생명의 나라를 다스리는 자가 되어 주의 모든 찬송을 전하고 주의 구원을 기뻐하기 위함입니다. **"주의 찬송을 다 전할 것이요"**처럼 **"찬송"**이 명사로 쓰일 때는 칭송이나 영광 받을만한 속성을 의미합니다. **"그는 네 찬송이시요 네 하나님이시라 네가 목도한 바 이같이 크고 두려운 일을 너를 위하여 행하셨느니라"**(신 10:21)는 말씀과 같습니다. 크고 두려운 일을 행하사 이스라엘을 구원하신 하나님은 너희의 영광이요, 칭송받으실 만한 분이라는 뜻입니다. 그러므로 '주의 모든 찬송을 전한다'는 말은 '하나님의 성품이나 하나님의 하나님 되심의 본질을 알린다'는 의미로 악인을 심판하고 회개한 자를 구원하시는 하나님의 통치가 온 세상 모든 만민 위에 임함을 선포한다는 것입니다. 그 일의 기반이 메시아가 죽음에서 살아나는 일에 있으니 자신을 살려주시라는 의미입니다. 하나님의 통치가 온 세상 모든 만민을 대상으로 이루어지기 위해서는 메시아의 죽음과 부활이 필수적입니다. 자신이 죽음에서 부활해야 앞에서 밝힌 것과 같은 복된 하나님 나라가 완성된다는 것입니다. 얼핏 보기에는 단순히 한 성도가 원수들에게 억압받고 박해받는 상황을 처리해 달라고 요청하는 것 같으나 그 이면에는 죄인은 심판받고 회개한 자는 구원의 은혜를 누리는 하나님의 통치 원칙이 죽음에서 다시 살아난 메시아를 통해서만 든든히 세워진다는 사실을 알리고 있는 것입니다.

다음 절에서 그 점을 분명히 합니다. 부활이 회개하지 않는 자들에게는 어떤 결과를 초래하는가를 알리는 말씀입니다. **"열방은 자기가 판 웅덩이에 빠짐이여 그 숨긴 그물에 자기 발이 걸렸도다 여호와께서 자기를 알게 하사 심판을 행하셨음이여 악인은 그 손으로 행한 일에 스스로 얽혔도다"**(15,16).

열방은 16절의 **"악인"**과 동의어로 회개하지 않고 여전히 죄인으로 남아 심판받을 자들이 대다수 인류임을 알게 합니다. 자기가 판 웅덩이에 빠지고 자기가 숨긴 그물에 발이 걸렸으며 자기 손으로 행한 일에 스스로 얽혔습니다. 심판은 철저히 자기가 저지른 악행의 대가로 받게 된다는 것입니다. 심판의 본질은 사람이 행한 대로 갚아 주시는 것입니다. 또 회개하지 않는 일의 어리석음도 밝히고 있습니다. '열방이 자기가 판 웅덩이에 빠지고 자기가 숨긴 그물에 걸렸다'는 말은 죄를 회개하며 하나님께 의를 구하지 않는 것은 마치 자기가 수고해서 만든 덫에 자기가 빠지는 것처럼 어리석은 일이라는 뜻입니다. 애써서 파놓은 구덩이에 자기가 빠지고, 새를 잡으려고 친 그물에 사냥꾼 자신이 걸려 죽는 것처럼 어리석은 일은 없습니다. 자기가 빠지기 위해서 구덩이를 파거나 덫을 놓는 사냥꾼이 어디 있겠습니까마는 사람들은 그런 종류의 어리석음을 범하고 있다는 뜻입니다. 메시아의 죽음과 부활을 근거로 회개하여 그 앞에 엎드리기만 하면 영생을 얻을 기회가 값없이 주어지는데도 불구하고 자기 힘으로 하나님을 이겨보겠노라고 허세 부리다가 멸망으로 치닫는다는 것입니다.

하나님은 죄지은 자를 반드시 심판하신다는 사실을 이미 알리셨습니다. 16절은 우리말 성경에 '여호와께서 자기를 알게 하사'라고 번역되었지만 원문은 '여호와께서 심판을 행하시고 악인이 그의 손으로 행한 것이 그를 칠 것이 알려졌도다'라는 의미입니다. 죄인들의 무모하고 어리석은 행태는 하나님의 심판을 부른다는 사실이 이미 명백히 확인되었다는 것입니다. 성경에 나타난 수많은 일들을 통해서 하나님은 죄를 짓고 돌이키지 않는 자를 심판하는 분임을 알게 하셨습니다. 아무리 은밀히 범한 죄라도 행한 대로 갚으시는 분이십니다.

그 결과 인류는 두 부류로 나뉘집니다. 한 부류는, 회개하지 않아 음부로 돌아가는 악인입니다. **"악인이 음부로 돌아감이여 하나님을 잊어버린 모든 열방이 그리 하리로다"**(17). 하나님은 회개하지 않는 죄인을 그 행한 대로 갚는 분이심을 들었으면서도 하나님을 잊어버린 채 죄를 고집하는 자들은 심판을 면치 못하며 결국 영원한 죽음의 영역으로 내려가게 될 것입니다. **"모든 열방이"** 그리될 것입니다. 그와 같은 원칙으로 다스리는 메시아의 통치가 온 세상 모든 만민에게 적용되리라는 뜻입니다. 회개하지 않은 죄인은 모든 시대, 모든 나라를 통틀어 누구도 예외 없이 그들이 행한 대로 엄중한 심판을 받을 것입니다.

또 한 부류는, 회개하여 영원한 생명의 영역으로 들어 올려질 의인입니다. **"궁핍한 자가 항상 잊어버림을 보지 아니함이여 가난한 자가 영영히 실망치 아니하리로다"**(18). 죄를 지었으나 돌이켜 회개한 자를 **"궁핍한 자"**요 **"가난한 자"**로 묘사하며 그들이 영원히 잊혀지지 않을 것이요, 그들의 소망 역시 영원히 사라지지 않을 것이라고 합니다. **"실망치 아니하리로다"**라는 말씀은 '소망이 소멸하지 않는다'는 뜻입니다.

행위 자체는 악인들과 다를 바 없더라도 자기 죄를 인정하고 용서를 구하는 자들이 **"궁핍한 자"**요 **"가난한 자"**입니다. 원래는 의가 없어 죽을 자들이었으나 메시아의 희생 제사와 간구로 의를 얻었고 영원한 생명이 허락되었다는 것입니다. 그런 뜻에서 본문은 악인과 반대되는 자에 대해 묘사하기를 경건한 자나 의로운 자가 아니라 궁핍하고 가난한 자라고 합니다. 악인들은 자기 행위를 따라 영원한 사망에 처하게 하시나 회개한 자들은 자기가 갖지 못한 의를 값없이 제공받게 하심으로 영원한 생명에 거하게 하시는 것입니다.

이처럼 메시아는 자신의 죽음과 부활로 온 세상 모든 만민에게 적용될 통치 원칙을 밝히고 있습니다. 하나님께서 자신을 긍휼히 여겨 사망의 문에서 일으켜 주시면 악인과 가난한 자의 결말이 이와 같이 되리라는 말씀입니다. 하나님은 죽으시고 부활하신 메시아를 기쁘게 여기시고 그의 간청을 다 들어주시기 때문입니다. 메시아의 부활은 회개한 자들에게는 생명이, 회개치 않는 악인들에게는 심판이 반드시 주어질 것을 확실히 하는 핵심적인 사건입니다.

그 사실에 근거하여 메시아는 하나님께 심판과 구원에 관해 반복하여 간구함으로 끝맺음합니다. 먼저 악한 자들의 결말에 대해 간구하십니다. **"여호와여 일어나사 인생으로 승리를 얻지 못하게 하시며 열방으로 주의 목전에 심판을 받게 하소서"**(19). 악인들의 결말이 돋보입니다. 이 구절만 떼어서 보면 단순히 교만한 사람을 낮춰서 겸손하게 해주시는 의미 같으나 시편의 흐름을 염두에 두면 회개하지 않는 악인들을 심판하심으로 하나님 나라의 완성을 구하는 거대한 요구사항임을 알 수 있습니다. 단순히 성도를 괴롭히는 원수들에게 보복해 달라는 의

미가 아니라 하나님의 최종적 심판에 대한 언급입니다.[6]

여호와께서 일어나신다는 것은 전쟁에서 이스라엘의 승리가 보장되는 유일한 조건입니다. 그러므로 **"여호와여 일어나소서"**는 이길 수밖에 없는 전쟁을 위해 하나님께서 일어나 싸우실 것을 요청하는 것입니다. 그 대상이 인생이고 열방입니다. 하나님과 인류의 전쟁 상황을 전제로 하고 있습니다. 시편 2편의 상황을 상기시킵니다. 거기서 다윗은 나라와 관원들이 하나같이 하나님과 메시아의 다스림을 벗어나길 원하여 하나님을 반역했다고 밝혔습니다. **"어찌하여 열방이 분노하며 민족들이 허사를 경영하는고 세상의 군왕들이 나서며 관원들이 서로 꾀하여 여호와와 그 기름 받은 자를 대적하며 우리가 그 맨 것을 끊고 그 결박을 벗어 버리자 하도다"**(시 2:1,2). 이는 율법을 무시하는 인류는 하나님을 향해 반역의 전쟁을 일으킨 것과 같다는 의미라 했습니다. 메시아는 하나님께서 그 전쟁을 승리로 이끌어 주시기를 간구하는 것입니다. **"인생으로 승리를 얻지 못하게 하시고 열방으로 주의 목전에 심판을 받게 하소서"**는 결국 그 반역자들을 심판하시므로 전쟁을 종결시켜 달라는 뜻입니다. 그래서 하나님은 하늘 위에 계시고 누구도 그 보좌를 침범할 수 없으며 인간은 그 위엄 앞에 단지 떨며 즐거워함으로 머리 숙여 경배할 수밖에 없음을 만천하에 드러나게 해 주시라는 것입니다.

그러나 메시아는 저들에게 회개할 기회를 먼저 주시기를 구하십니

---

6  시편에 나타난 '저주시'는 개인의 원한 관계를 해결하는 근거가 아니라 메시아의 최종적인 심판에 대한 간구의 예표로 이해해야 한다. 신자는 원수 갚을 권한이 없다. 왜냐하면 하나님은 우리가 원수 되었을 때 사랑하신 분이고(롬 5:10) 우리에게도 원수를 사랑하라고 명령하셨기 때문이며(눅 6:27), 우리에게 원수를 친히 갚지 말고 원수갚는 것이 내게 있다(롬 12:19)고 친히 말씀하셨기 때문이다.

시편 9편 · 3 나의 곤고를 보소서(시 9:13-20)

다. "여호와여 저희로 두렵게 하시며 열방으로 자기는 인생뿐인 줄 알게 하소서(셀라)"(20). 사람들이 하나님과 자신의 차이를 분명히 인정하게 해 주시라는 것입니다. "인생"으로 번역된 히브리어는 전능자 앞에서 인간이 연약하고 무력한 상태를 나타낼 때 사용되는 단어입니다. 사람이 자기가 얼마나 하잘것없는 인간인지 깨닫고 인정할 때 비로소 '그 아들에게 입 맞추며 여호와를 의지하는' 복을 누릴 수 있습니다. 이 지식이 없으면 멸망 당할 수밖에 없습니다. 인간의 영역은 하늘이 아닌 땅이며 또한 연약한 필멸의 존재임을 깨달을 때 자기들이 얼마나 오만했는지, 하나님을 상대로 얼마나 무모한 전쟁을 일으켰는지를 알고 겸손히 무릎 꿇고 주님의 은혜를 구하게 됩니다.

메시아는 확정된 심판의 날을 앞두고 악인들이 그 복을 얻게 해 주시기를 구하고 있습니다. 자신의 하잘것없음을 깨닫고 두려워 떨게 해 달라는 것입니다. 하나님께서 분노로 인생을 둘러보시는 그날까지 이 두려움을 갖지 못하면 그는 악인들에게 주어질 심판을 면치 못할 것이기 때문입니다. 인간은 한낱 흙덩이일 뿐이요 연약한 생물체에 지나지 않을 뿐임을 알지 못한 채 심판을 맞이하면 영원한 고통의 죽음을 피하지 못할 것이기 때문입니다. 메시아는 자신의 죽음과 부활을 기반으로 이와 같은 요청을 하나님께 드립니다. 악인을 그 행위대로 심판하시고 회개하는 자들을 구원하시는 하나님의 통치가 온 세상 모든 만민을 대상으로 분명히 구현되기를 요청하는 것입니다. 메시아의 죽음과 부활이 이와 같은 하나님 통치의 근간입니다.

말씀 묵상하며 시편찬송 부르기

# 시편 10편

악한 자가 교만하여
가난한 자들을 잊지 마옵소서
응답의 확신

## Chapter 1

## 악한 자가 교만하여

여호와여 어찌하여 멀리 서시며 어찌하여 환난 때에 숨으시나이까 악한 자가 교만하여 가련한 자를 심히 군박하오니 저희로 자기의 베푼 꾀에 빠지게 하소서 악인은 그 마음의 소욕을 자랑하며 탐리하는 자는 여호와를 배반하여 멸시하나이다 악인은 그 교만한 얼굴로 말하기를 여호와께서 이를 감찰치 아니하신다 하며 그 모든 사상에 하나님이 없다 하나이다 저의 길은 언제든지 견고하고 주의 심판은 높아서 저의 안력이 미치지 못하오며 저는 그 모든 대적을 멸시하며 그 마음에 이르기를 나는 요동치 아니하며 대대로 환난을 당치 아니하리라 하나이다 그 입에는 저주와 궤휼과 포학이 충만하며 혀 밑에는 잔해와 죄악이 있나이다 저가 향촌 유벽한 곳에 앉으며 그 은밀한 곳에서 무죄한 자를 죽이며 그 눈은 외로운 자를 엿보나이다 사자가 그 굴혈에 엎드림 같이 저가 은밀한 곳에 엎드려 가련한 자를 잡으려고 기다리며 자기 그물을 끌어 가련한 자를 잡나이다 저가 구푸려 엎드리니 그 강포로 인하여 외로운 자가 넘어지나이다 저의 마음에 이르기를 하나님이 잊으셨고 그 얼굴을 가리우셨으니 영원히 보지 아니하시리라 하나이다(시 10:1-11)

9편에서 메시아는 자신의 죽음과 부활을 기반으로 하나님의 특별한 통치를 간구하였습니다. 악인을 그 행위대로 심판하시고 회개하는 자들을 구원하시는 하나님의 통치가 온 세상 모든 만민을 대상으로 분명히 구현되기를 요청하신 것입니다. 10편은 그와 같은 요청이 단숨에 이루어지는 일이 아님을 밝힘으로 시작합니다. **"여호와여 어찌하여 멀리 서시며 어찌하여 환난 때에 숨으시나이까"**(1). 마치 하나님께서 가난한 자들을 잊어버리신 것처럼 그들이 고통당하고 있음을 호소합니다. 하나님 나라는 반드시 메시아의 간구대로 의인에게는 의와 공평으로, 악인에게는 영원한 멸망으로 이루어질 것이나 그것이 이 땅에서 고난이나 핍박이 없다는 뜻이 아님을 알게 합니다. 하나님께서 아무런 도움도 주지 않는 것 같은 날들이 오래 지속될 수 있음을 암시합니다. 분명히 가난한 자들을 책임지신다고 하셨는데도 그 혜택을 받지 못하는 날들이 있다는 것입니다.

가난한 자가 그렇게 고난받는 이유가 있습니다. **"악한 자가 교만하여 가련한 자를 심히 군박하오니 저희로 자기의 베푼 꾀에 빠지게 하소서"**(2). 악행은 근본적으로 교만함에서 시작됩니다. 자기가 그저 **"인생뿐인 줄"**(시 9:20) 알지 못하는 악인은 자기 위에 심판주이신 하나님이 계심을 인정하지 않습니다. 자기보다 높은 권위는 없는 것입니다. 자기를 한껏 높이는 그와 같은 교만함으로 악행을 마음 놓고 저지릅니다. 악인들은 가련한 자, 곧 회개하여 하나님의 자녀가 된 자를 심히 '군박한다'고 합니다. '군박한다'는 말은 '불에 태우듯 한다, 맹렬히 추격한다'는 뜻입니다. 목을 잡고 인두로 지져 고문하듯 신자들을 핍박한다는 말입니다.

이런 일이 벌어지고 있는데 하나님은 그런 상황을 아시는지 모르시는지 전혀 간섭하지 않는 것 같습니다. 나를 구원하시고 사랑하신다면 내가 이렇게 힘들게 고통당하는 모습을 가만히 지켜만 보고 계시진 않을 것 같은데 저만치 멀리 계시고 때론 아예 숨어버리신 것처럼 느껴집니다.

그와 같은 상황을 두고 메시아는 악인들을 심판해 주시기를 하나님께 청원합니다. **"저희로 자기의 베푼 꾀에 빠지게 하소서"**. 이는 악인들이 받는 심판은 다 자기가 행한 것에 대한 보응이라는 의미로(시 9:15,16) 메시아의 권한으로만 가능한 요청입니다. 메시아는 자기와 자기 백성을 죽이는 것도 서슴지 않는 악인들에 대한 심판을 하나님께 요청하고 있는 것입니다.

3절부터 11절까지는 그들이 심판받아야 할 이유에 관해 설명합니다. 여기에 언급한 이유들은 중대한 의미가 있습니다. 인간이 전적으로 타락했음을 밝히고 있기 때문입니다. 본문 이해를 돕기 위해 로마서 1장을 살펴볼 필요가 있습니다. 로마서는 **"하나님의 진노가 불의로 진리를 막는 사람들의 모든 경건치 않음과 불의에 대하여 하늘로 좇아 나타나나니"**(롬 1:18)라고 말한 뒤에 하나님의 진노를 부르는 인간의 불경건과 불의에 관한 증거들을 제시합니다(롬 1:21-32). 그 내용을 보면 본문과 중복됩니다. 또한 온 세상에 의인이 하나도 없다는 선언(롬 3:9)의 증거 중 하나로 본문을 인용하기도 합니다(롬 3:14; 시 10:7). 이것은 본문이 단순히 악인의 몇몇 악행을 언급한 것이 아니라 하나님의 심판을 부르는 인간의 전적인 부패와 타락을 밝히는 것임을 알려줍니다. 회개하지 않은 악인들의 실체가 이러하기에 그들을 심판하여 주시라는 메시아의 청원인 동시에, 로마서는 본문에서 메시아의 청원이 하나님께 받아들여져서 그대로 시행될 것이 확정되었으며 인간은 누구나 다 근본적으로 자기 죄로 인해 하나님의 진노를 받을 수밖에 없음을 단언하고 있는 것입니다. 이와 같은 관점에서 본문을 이해해야 합니다.

사람이 심판받아야 할 이유를 몇 가지로 분류해 볼 수 있습니다. 첫 번째는 지적 영역의 타락을 언급합니다. **"악인은 그 마음의 소욕을 자랑하며 탐리하는 자는 여호와를 배반하여 멸시하나이다 악인은 그 교만한 얼굴로 말하기를 여호와께서 이를 감찰치 아니하신다 하며 그**

모든 사상에 하나님이 없다 하나이다 저의 길은 언제든지 견고하고 주의 심판은 높아서 저의 안력이 미치지 못하오며 저는 그 모든 대적을 멸시하며 그 마음에 이르기를 나는 요동치 아니하며 대대로 환난을 당치 아니하리라 하나이다"(3-6).

그 머리에서 하나님을 지워버린 결과 일어나는 현상을 밝힙니다. 하나님이 있지도 않지만, 있어도 세상사에 간섭할 수 없는 무능력한 그림자와 같은 존재일 뿐이라고 믿기에 악인은 부패한 욕망을 자랑하며 탐욕을 칭찬하고 여호와를 멸시합니다. 창조주가 없었어도 자기는 존재할 수 있고, 또한 그의 뜻과 능력을 빌지 않아도 독립해서 세상을 다스릴 수 있다고 고집스럽게 주장하며 절대 돌이키지 않습니다. 자기가 그렇게 해도 어떠한 불이익을 당하지 않을 것이라고 확신합니다. 심판은 안중에 없으며 하나님의 인내를 조롱할 뿐입니다. 더 나아가 **"그 모든 대적을 멸시"**합니다. 하나님을 믿으며 심판이 있다고 믿는 백성들이 그의 대적입니다. 그들을 눈에 보이지도 않는 것을 믿는 미련한 자들이요, 자기 하고 싶은 대로 살지도 못하는 바보 같은 자들이라고 생각하며 멸시합니다. 하나님과 사람에 관해 이같이 무례하고 오만한 태도를 보입니다. 죄로 인해 사람의 지적 영역이 부패한 결과입니다. 죄로 인해 하나님을 의존해야만 하는 필요성을 지닌 의존적인 자유인이 아니라 하나님으로부터 독립할 수 있다는 만용적 자유인을 선호하는 가치관으로 바뀌는 것입니다. 메시아는 이런 특성을 고집하는 자들을 심판하여 주시라고 청원하고 있습니다.

두 번째는 정서적 영역의 타락입니다. **"그 입에는 저주와 궤휼과 포학이 충만하며 혀 밑에는 잔해와 죄악이 있나이다"**(7). 이 말씀은 사람이 악하고 포악한 말이나 저주를 내뱉은 것만 의미하지 않습니다. 저들의 마음이 심히 부패했다는 뜻입니다. 지적 영역이 부패하여 자기를 높이고 하나님을 멸시한 결과 마음의 취향이 악한 것을 즐거워하는 마음이 된 것입니다. 이 말씀이 정서적 영역의 타락을 의미한다는 점은 예수님의 말씀에서 깨달을 수 있습니다. **"또 가라사대 사람에게서 나오는 그것이 사람을 더럽게 하느니라 속에서 곧 사람의 마음에서 나오는 것은 악한 생각 곧 음란과 도적질과 살인과 간음과 탐욕과 악독과 속임과 음탕과 흘기는 눈과 훼방과 교만과 광패니 이 모든 악한 것이 다 속에서 나와서 사람을 더럽게 하느니라"**(막 7:20-23). 사람이 악한 생각을 하고 음란과 도적질과 속임과 흘기는 눈으로 쏘아보는 것은 근본적으로 마음이 타락한 증거라는 말입니다. 사람이 내뱉는 말은 마음의 취향을 반영합니다. 누가 하는 말은 그의 정서, 그 마음의 취향이 어떤 것인지를 알게 하는 증거입니다. 로마서에서 **"유대인이나 헬라인이나 다 죄 아래 있다고 우리가 이미 선언하였느니라"**(롬 3:9)라고 한 다음 증거로 이 구절을 인용한(롬 3:14) 것은 본문이 모든 사람의 마음이 악하여 하나님 나라에 들어갈 수 없는 상태를 언급하고 있음을 알게 합니다. 메시아는 사람이 지적 영역뿐만 아니라 마음, 즉 정서적 취향까지 타락하였음을 이렇게 지적하십니다. 이런 이유로 회개치 않는 악인들을 심판하셔야 한다고 하나님께 아뢰고 있습니다. 사도 바울은 이를 근거로 모든 사람이 타락하였으며 심판의 대상임을 밝히는 것입니다.

세 번째는 행위의 타락입니다. **"저가 향촌 유벽한 곳에 앉으며 그 은밀한 곳에서 무죄한 자를 죽이며 그 눈은 외로운 자를 엿보나이다 사자가 그 굴혈(窟穴)에 엎드림 같이 저가 은밀한 곳에 엎드려 가련한 자를 잡으려고 기다리며 자기 그물을 끌어 가련한 자를 잡나이다 저가 구푸려 엎드리니 그 강포(强暴)로 인하여 외로운 자가 넘어지나이다"**(8-10). 사람의 의지 영역의 타락에 대한 증거입니다. 하나님을 마음에서 지워버린 인간의 타락은 점점 심화되어 정서적 취향까지 바꿀 정도가 되었지만 인간의 타락은 거기에서만 머물지 않습니다. 지식과 정서의 타락은 반드시 사람을 실제 행위의 타락에까지 이르게 합니다. 이성과 정서 영역의 타락이 심화되어 결국 살인과 박해와 억압과 강포라는 행위로 나타난다는 말입니다. **"향촌 유벽한 곳에 앉으며"**는 무죄하고 가난한 자들을 노리고 있다가 기회를 봐서 죽이려 하는 악인들이 곳곳에 퍼져 있음을 나타냅니다. **"외로운 자"**는 가난한 자들을 가리킵니다. 사자가 먹이를 찾는 것처럼 악인들은 무고하고 힘없는 자들을 핍박하고 죽이기 위해 언제나 기회를 노립니다. 한 번으로 만족하지 않습니다. 저들은 가련한 자에게 달려들어 그를 쓰러뜨리고 나서는 재빠르게 다른 사람을 잡으려고 준비합니다. 10절의 **"외로운 자"**는 복수형입니다. 많은 사람이 그들에게 희생되었음을 알려줍니다.

    메시아는 사람이 이같이 전적으로 타락하였음을 고발하며 하나님께 심판을 청원합니다. 인간의 불경건과 불의로 하나님의 진노가 임한다고 선언했던 사도 바울이 그 점을 이렇게 말합니다. **"또한 저희가 마음에 하나님 두기를 싫어하매 하나님께서 저희를 그 상실한 마음대로 내어 버려두사 합당치 못한 일을 하게 하셨으니"**(롬 1:28). 시편의 흐름과 같습니다. **"저희가 마음에 하나님 두기를 싫어하매"**에서 **"마음"**으로 번역된 말은 주로 '지식, 혹은 인식'으로 번역되는 단어(ἐπίγνωσις)입니다. 그 지식에 하나님 두기를 싫어한다는 것입니다. 지적 영역의 타락을 의미합니다. 이러한 자들을 하나님께서는 **"그 상실한 마음대로 내어버려"** 두셨습니다. 여기의 **"마음"**은 우리가 흔히 '마음, 기질' 등으로 이해하는 단어(νοῦς)입니다. **"상실한"**은 '가치 없는, 버려진' 정도의 의미입니다. **"상실한 마음"**이 된다는 것은 가치 없는 것을 좋아하는 마음이 된다는 것입니다. 이는 정서적 영역의 타락을 드러냅니다. 지적 영역에서 하나님을 인정하기를 싫어하는 인간들이 원하는 대로 내버려두시니까 기껏 좋아하여 택하는 것이 인간의 존엄성에 가치 없는 것, 인간의 지위를 추락시키는 것들이더라는 말입니다. 실상은 인간의 가치를 저급하게 낮추고 존엄성에 크게 미치지 못하는 것을 택한다는 것입니다.

정서적 영역의 타락은 그것으로 그치지 않고 **"합당치 못한 일을"** 하는 지경까지 확장됩니다. 의지 영역의 타락입니다. 하나님께서 사람을 내버려 두시면 사람의 마음은 하나님의 형상을 따라 지음 받은 인간의 수준에 걸맞은 것을 좋아하지 않을 뿐만 아니라 오직 썩고 부패해서 사형에 처할 일들만 저지를 뿐입니다. 바울은 그와 같은 방식으로 인간의 전적 타락을 논합니다. 모든 인간이 타락하여 하나님의 진노 아래 놓여 있음을 이렇게 증명하는 것입니다.

그런 다음 의미심장한 구절을 덧붙이고 있습니다. **"저의 마음에 이르기를 하나님이 잊으셨고 그 얼굴을 가리우셨으니 영원히 보지 아니하시리라 하나이다"**(11). 이는 4절의 반복으로, 사람이 이토록 전인격적으로 타락하여 악행을 저지르면서도 하나님이 이 일을 알지도 못하고 간섭할 수도 없는 존재라며 무시하며 조롱한다는 말입니다. 인간이 자기 존재와 능력을 과시하면서 심판받을 존재라는 사실 자체를 부인하며 하나님을 능욕하는 데까지 오만해졌습니다. 그들의 소행이 세상 끝날까지 오래도록 지속되어 의인들은 마치 주님께서 숨어계신 것처럼 느껴질 정도입니다(1절).

메시아가 **"저희로 자기의 베푼 꾀에 빠지게 하소서"**(2)라며 하나님께 심판을 청원하신 이유가 이것입니다. 온 세상 모든 인간의 본질이 이와 같기 때문입니다. 본문은 단지 한 성도가 악인들이 저지르는 악행으로 인해 개인적인 원한이나 억울함에서 드리는 기도가 아닙니다. 표면적으로는 그와 같은 상황에서 이루어졌어도 근본적으로 시온에서 왕으로 등극하실 메시아가 전 인류를 대상으로 하는 심판을 하나님께 의뢰하는 요청입니다. 회개하지 않으면 하나님께서 심판해 주시라는 것입니다. 하나님은 메시아의 요청대로 하실 것입니다. 메시아의 마음이 하나님의 마음이며, 메시아의 요구는 그대로 하나님께 받아들여집니다. 회개하지 않고 악인의 자리에 그대로 머물러 있는 자는 심판받을 수밖에 없습니다. 사도 바울이 로마서에서 하나님의 진노가 불경건하고 불의한 자들에게 임한다는 사실을 확정하여 밝힌 것은(롬 1:18) 하나님께 직접 받은 계시이기도 하지만 동시에 구약성경이 이같이 증거하고 있기 때문입니다.

## Chapter 2

## 가난한 자들을 잊지 마옵소서

> 여호와여 일어나옵소서 하나님이여 손을 드옵소서 가난한 자를 잊지 마옵소서 어찌하여 악인이 하나님을 멸시하여 그 마음에 이르기를 주는 감찰치 아니하리라 하나이까 주께서는 보셨나이다 잔해와 원한을 감찰하시고 주의 손으로 갚으려 하시오니 외로운 자가 주를 의지하나이다 주는 벌써부터 고아를 도우시는 자니이다 악인의 팔을 꺾으소서 악한 자의 악을 없기까지 찾으소서(시 10:12-15)

악인들을 심판해 주시라고 청원하며 그 이유를 밝힌 구절(1-11절)은 단지 여기 언급된 몇 가지 죄목들만 나쁘다는 것이 아니라 사람이라는 전 존재가 심히 부패하였고 타락했음을 의미하는 것이었습니다. 온 세상 모든 사람은 전적으로 타락하였고 회개하지 않으면 하나님의 심판을 피할 수 없는 상태임을 알게 하였습니다. 인류의 상태를 그와 같이 고발한 뒤에 메시아는 하나님께 청원합니다. 먼저 악인들 가운데 사는 성도들을 붙잡아주시기를 구합니다. **"여호와여 일어나옵소서 하나님이여 손을 드옵소서 가난한 자를 잊지 마옵소서"**(12). **"일어나옵소서"**, **"손을 드옵소서"**는 하나님께서 친히 전쟁에 나서주기를 부탁하는 말입니다. 이스라엘의 전쟁은 하나님께 달려 있기 때문입니다. 하나님이 일어나시면 언제나 승리하게 되어 있습니다. '손을 든다'는 말은 맹세한다는 의미로도 사용되나 여기서는 전쟁을 벌인다는 뜻입니다. 다윗에게 반역한 세바를 두고 **"손을 들어 왕 다윗을 대적하였나니"**(삼하 20:21)고 말하는 것과 같습니다. 따라서 본문은 창조주의 의도를 무시한 채 죄악을 일삼는 악인들 가운데 살면서 고통당하는 성도들을 하나님의 크고 강력하신 권세로 지켜주시라는 청원입니다. **"가난한 자들을 잊지 마옵소서"**. **"가난한 자"**는 다른 죄인들과 똑같이 율법을 지키지 못하여 하나님과 원수가 되었으나 자기 죄를 알고 회개하며 주님 앞에 엎드려 나아오는 자를 가리킨다고 했습니다. **"가난한 자들을 잊지 마옵소서"**라는 청원은 심판당해야 마땅한 악인들 가운데 자기 죄를 인정하고 회개하며 메시아의 죽음과 부활에서 소망을 찾는 자들을 전적으로 책임져 주시라는 것입니다. 이들도 멸망 당할 악인들과 똑같이 부패하였고 율법대로 하자면 하나님 나라에 거할 자격이 없는 자들이지만, 여기 이 땅에서부터 영생에 이르기까지 보호하시며 구원해 주시기를 구합니다. 심판 중에도 회개한 자들을 기억해 주시기를 청원하는 것입니다.

그처럼 악인들 가운데서 가난한 자들을 지키고 보호하는 것이 하나님의 영광을 훼손하지 않는 길이라 합니다. **"어찌하여 악인이 하나님을 멸시하여 그 마음에 이르기를 주는 감찰치 아니하리라 하나이까"**(13). 악인들은 '하나님은 나의 악행을 보지 못한다'며 하나님을 멸시합니다. 하나님을 전혀 두려워하지 않고 악행을 저지르는 것입니다. 4절, 11절과 같은 내용으로 하나님을 멸시하는 것은 전적인 타락의 출발점입니다. 성경은 '하나님을 멸시한다'는 사실을 주로 언약을 깨뜨리는 상황으로 설명하기 때문입니다. **"내가 그들의 열조에게 맹세한 바 젖과 꿀이 흐르는 땅으로 그들을 인도하여 들인 후에 그들이 먹어 배부르고 살찌면 돌이켜 다른 신들을 섬기며 나를 멸시하여 내 언약을 어기리니"**(신 31:20).

그들이 먹고살 만해진 후에 다른 신들을 섬기며 '하나님의 언약을 어기는 것'을 '하나님을 멸시하는' 것이라 합니다. 하나님의 백성으로 불렀는데 그 백성답게 믿는 자로 살기를 버리고 우상을 섬기며 세상 사람과 똑같은 방식으로 삽니다. 바로 이것이 하나님을 멸시하는 일입니다. 그런 점에서 사람의 전 인격이 타락한 사실을 두고 하나님을 멸시하는 것이라는 말씀은, 결국 사람은 하나님이 만드신 작품이며 거기에는 하나님의 창조 의도와 목적이 있고 그 사람에 대한 권리가 하나님께 있다는 의미입니다. 사람은 아무도 자기 스스로 자기 생명을 만들어서 태어나지 않았으며, 그래서 엄밀히 따지면 누구도 자기에 대한 권한이 없습니다. 그 생명 안에 자기 의지가 있는 피조물이지 그렇다고 해서 근본적으로 자기가 자기의 주인이라는 뜻은 아닙니다. 사람은 자기를 만드신 분의 뜻을 반영하고 자기 인격을 다하여 그분을 섬기며 그 안에서 세상을 다스리고 그 과정에서 자아를 실현하도록 만들어진 존재입니다. 그런데 앞에서 밝혔듯이 인간은 그 사상에서 하나님을 지워버리고 일부러 잊으려 하였습니다. 그것은 자기를 만드신 창조주를 인정하지 않겠다는 것이요, 그분의 성품을 따라 의와 거룩과 사랑과 자비와 겸손으로 살면서 그분의 뜻대로 세상을 다스리는 임무를 버리겠다는 의미입니다. 그런 점에서 인간의 타락은 하나님을 멸시하는 행위가 됩니다. 메시아가 심판을 청원하는 이유가 거기에 있습니다. 하나님을 멸시하는 악인의 자리에 끝까지 머물러 있는 자들은 반드시 심판받는다는 뜻입니다.

다윗을 통해 예표된 메시아는 하나님께서 그 심판을 공평하게 시행하실 것을 확신합니다. "주께서는 보셨나이다 잔해와 원한을 감찰하시고 주의 손으로 갚으려 하시오니"(14). 하나님은 악인들이 저지른 악행과 원한을 친히 갚아 주시려고 모든 인생을 낱낱이 다 살피고 계신다는 것입니다. 악인들은 '하나님이 뭐 이런 것까지 다 알 수 있으랴' 하면서 마음 놓고 죄를 저지르지만 하나님은 누가 언제 어떻게 무슨 죄를 지었는지 하나하나 다 파악하고 계시면서 그 증거를 토대로 심판하실 것입니다. 심판이 얼마나 정확하고 엄중하게 이뤄질 것인지를 확신하는 말씀입니다.

그러면서도 메시아는 그 말씀으로 두려워 떨 가난한 자들을 기억하고 이렇게 말씀합니다. **"외로운 자가 주를 의지하나이다 주는 벌써부터 고아를 도우시는 자니이다"**(14). **"외로운 자"**는 **"고아"**와 평행되는 말로 '불행한 자, 가난한 자'라는 뜻입니다. 악인들에게 박해받는 자들을 의미합니다. 그들도 하나님의 엄중한 심판에 관한 선포를 들을 때마다 두려워합니다. 지은 죄만 따지면 악인들과 별로 다르지 않음을 스스로 알기 때문입니다. 그러나 가난한 자들은 괴롭고 두려울 때마다 하나님을 의지합니다. 하나님이 어떤 분인지 알기 때문입니다. 회개함으로 주의 백성이 된 자들을 무한한 자비와 긍휼로 대하며 은혜 베푸는 하나님이신 줄 알고, 죄로 인해 억눌릴 때나 고난과 핍박을 당할 때면 언제나 하나님을 의지합니다.

악인들의 속성을 낱낱이 밝혀 심판을 청원한 후 가난한 자들의 모습을 밝히는 것은 가난한 자들이 장차 구원의 복을 누릴 것이 확실하다는 의미입니다. 신자들을 억압하고 학대하는 자들의 죄를 낱낱이 파악하여 심판하실 것이나, 하나님 외에는 도움받을 수 없는 가난한 자나 고아와 같은 자들은 오히려 하나님의 특별한 관심의 대상이 되어 특별한 은혜 안에 거할 것입니다. 이를 통해 하나님의 진노 속에서도 그리스도 예수를 믿고 그 안에 있는 성도들이 옛 죄로 인하여 조금도 두려워 떨 필요가 없다는 사실을 알려주십니다. 하나님의 진노는 오직 죄를 일삼으면서도 자기가 죄인임을 인정하지 않는 자들에게만 임합니다. 자신이 죄로 인하여 죽게 되었으며 피할 곳은 구주 예수 그리스도 밖에 없다고 고백하는 고아와 같은 자들은 심판받지 않습니다. 하나님은 오히려 그들을 철저히 돕는 분이십니다.

전부터 하나님 백성들에게 주어진 계명은 하나님이 그러한 분이심을 드러냅니다. "너는 객이나 고아의 송사를 억울하게 말며 과부의 옷을 전집하지 말라"(신 24:17). 또 잊어버린 곡식단을 취하거나 포도나무나 감람나무의 이삭을 줍는 것을 금하는 율법에도 반영되어 있습니다. "네가 밭에서 곡식을 벨 때에 그 한 뭇을 밭에 잊어버렸거든 다시 가서 취하지 말고 객과 고아와 과부를 위하여 버려두라 그리하면 네 하나님 여호와께서 네 손으로 하는 범사에 복을 내리시리라. 네가 네 감람나무를 떤 후에 그 가지를 다시 살피지 말고 그 남은 것은 객과 고아와 과부를 위하여 버려두며"(신 24:19,20). 이 계명들은 심령이 가난한 자들을 하나님이 어떻게 대우하시는지를 알려주는 상징적인 명령들입니다. '하나님이 의가 없는 너희의 가난한 처지를 긍휼히 여겨 메시아의 대속의 피를 통해 너희를 자녀 삼으셨으니 고아와 과부에 대한 이런 계명에 순종함으로 너희가 받은 은혜를 나타내라, 너희가 거저 하나님의 은혜로 구원받았음을 불쌍하고 불행한 자를 위하는 것으로 드러내라'는 뜻입니다. 그것으로 구원을 얻으라는 목적이 아닙니다. 하나님께 거저 받은 구원임을 이렇게 표출해야 한다는 것입니다. 하나님은 심판 중에도 고아와 가난한 자들에게 은혜와 자비를 베푸는 분이십니다.

메시아는 그 점을 확신하고 있습니다. 메시아는 그와 같은 확신 가운데 악인들을 철저히 심판해 주시기를 하나님께 청원합니다. "악인의 팔을 꺾으소서 악한 자의 악을 없기까지 찾으소서"(15). 이는 '사악하고 나쁜 자들의 팔을 꺾으소서 그의 악을 남김없이 찾으소서'라는 뜻으로 회개하지 않은 인간을 철저히 심판하여 주시라는 간구입니다. '내가 이렇게 악을 행해도 하나님은 알지 못한다'며 오만하게 죄를 저지르고도 회개하지 않는 악인의 거짓된 희망을 다 부수시고 철저히 심판해 주시라고 합니다. 자기 죄를 알고 회개하는 가난한 자들을 지키고 보호하시되 하나님을 멸시함에서 비롯된 온갖 악행을 고집하며 회개하지 않는 악인들은 심판받을 것입니다. 악인들에 대한 심판을 청원하는 이 말씀은 당시 이스라엘에 국한된 요구사항처럼 보일 수도 있지만 메시아가 하나님 아버지께 새 나라의 통치자로서 온 인류를 이렇게 다스려 주시라고 청원하는 것으로 봐야 합니다. 시편에 나타난 저주시들을 이같이 이해해야 합니다. 그 저주들은 한 성도가 자기 원수를 갚아달라는 요구가 아니라 시편 기자의 상황을 토대로 진노의 날에 임할 심판을 예표하는 것입니다.

죽으시고 부활하실 메시아가 하나님 나라의 통치자 된 자격으로 청원한 것은 곧 하나님이 그대로 행하시는 법칙이 됩니다. 사도 바울이 가난한 자들을 구원하시는 복음의 능력에 관한 확신 가운데 복음을 전하는 이유가 거기 있습니다. **"헬라인이나 야만이나 지혜 있는 자나 어리석은 자에게 다 내가 빚진 자라 그러므로 나는 할 수 있는대로 로마에 있는 너희에게도 복음 전하기를 원하노라 내가 복음을 부끄러워하지 아니하노니 이 복음은 모든 믿는 자에게 구원을 주시는 하나님의 능력이 됨이라"**(롬 1:14-16). 모든 인류에 대한 하나님의 심판이 철저히 이뤄지되 심판 중에도 가난한 자들을 기억하사 구원하시는 이 일은 죽으시고 부활하실 메시아의 청원이었기 때문입니다. 하나님은 메시아가 청원하는 대로 행하실 수밖에 없습니다. 악인을 철저히 심판하시면서도 주를 의지하고 회개하는 가난한 자들을 반드시 지키고 보호하시어 구원에 이르게 해 주시라는 메시아의 청원을 그대로 받아 시행하시는 것입니다.

*Chapter 3*

## 응답의 확신

여호와께서는 영원무궁토록 왕이시니 열방이 주의 땅에서 멸망하였나이다 여호와여 주는 겸손한 자의 소원을 들으셨으니 저희 마음을 예비하시며 귀를 기울여 들으시고 고아와 압박 당하는 자를 위하여 심판하사 세상에 속한 자로 다시는 위협지 못하게 하시리이다(시 10:16-18)

메시아는 악인들이 마땅히 심판받아야 할 이유를 상세히 밝히신 후 그들을 심판해 주실 것을 요청하면서도 먼저 심령이 가난한 자들을 기억하였습니다. 그들의 형벌을 면하게 해 주시라고 요청한 다음에야 악인들을 철저히 심판해 주실 것을 구하였습니다. 죽으시고 부활하심으로 온 세상의 왕으로 등극하실 메시아가 사람들을 향한 하나님의 통치를 그렇게 이루어 주시기를 청원한 것입니다.

이어지는 본문은 온 세상 모든 나라를 대상으로 하는 하나님의 통치가 메시아의 청원대로 이루어질 것이 분명함을 밝힙니다. **"여호와께서는 영원무궁토록 왕이시라 열방이 주의 땅에서 멸망하였나이다"**(16). 하나님은 온 세상을 영원무궁토록 다스리는 왕이셔서 열방을 주의 나라에서 멸망시키셨다고 합니다. **"열방"**이 멸망했다는 말씀은 하나님을 반역하는 악인들이 단순히 성도를 괴롭히는 몇몇에 그치지 않고 온 세상 모든 나라에 걸쳐 거대한 세력을 이루고 있음을 의미합니다. 어느 나라 어느 민족을 막론하고 회개하지 않은 악인들에 대한 하나님의 심판은 완전하여 하나님 나라에서 그들의 종적을 찾아볼 수조차 없다는 것입니다. 심판의 때가 되면 하나님의 창조 의도를 무시하고 세상을 탐욕으로 더럽혔던 모든 세력이 종말을 고할 것이며, 하나님 믿는 자들의 믿음을 조롱하고 핍박했던 자들은 하나님 나라에서 그림자조차 발견할 수 없을 것입니다. 모든 악인이 주님의 땅에서 쫓겨났기 때문입니다. 이 땅에서는 악인들의 세력이 크고 강하며 영원할 것 같으나 하나님이 인내를 거두실 때가 되면 그들은 자취를 찾아볼 수 없게 될 것입니다. 그와 같은 하나님 나라가 이루어질 것임을 메시아는 큰 확신 속에 밝히고 있습니다.

  이 일이 완전하게 이루어지는 때는 장래지만 **"멸망하였나이다"**라는 완료형 동사를 사용하여 그만큼 확정적임을 강조하고 있습니다. 사도 바울이 불경건하고 불의한 모든 사람 위에 하나님의 진노가 놓여 있다고 선언한 배경이 됩니다. 온 세상의 참된 통치자이신 하나님이 메시아의 청원을 다 들어주신 결과 악인들이 심판받음으로 하나님 나라가 완성된다는 것입니다.

  영원한 왕권을 지니신 하나님은 악인들을 심판하실 것과 반대로 가난한 자들에겐 복을 내리실 것입니다. 그 점에 관해 이렇게 밝힙니다. **"여호와여 주는 겸손한 자의 소원을 들으셨으니"**(17). **"겸손한 자"**의 히브리어는 12절의 **"가난한 자들"**과 같은 단어입니다. 복수 형태라는 점도 같습니다. **"가난한 자들"**의 소원을 들으셨다고 합니다. 가난한 자들은 기본적으로 필요한 무엇이 없는 자들을 가리킬 뿐만 아니라 그것을 얻고자 해도 얻을 능력조차 없는 자들입니다. 조건만 보자면 열방의 악인들과 마찬가지로 주님의 땅에서 진멸 당해야 하는 원수들이요 심판받아야 할 죄인들입니다. 그러나 이들은 악인들과 다른 길을 걸었습니다. 자기에게 의가 없음을 인정하고 고백하며 메시아의 원수 사랑에 힘입어 그의 발에 입 맞추기로 하였습니다. 악인들과 똑같은 죄인이었으나 회개하고 주님 앞에 엎드린 것입니다. 하나님은 그런 가난한 자들의 간절한 기도를 들으셨다고 하십니다. 원수와 같아서 진멸해야 할 자들의 소원을 들어주셨다는 것입니다.

가난한 자들의 소원이 무엇입니까? 사람은 자기에게 없는 것을 구하기 마련입니다. 많이 갖고 있다고 생각되는 것은 구하지 않습니다. 시편의 가난한 자들은 돈이나 먹을 것이 없는 자를 가리키지 않습니다. 하나님의 나라에 거할 수 있는 요건인 의와 거룩이 없는 가난한 자들을 가리킵니다. 따라서 이들은 자기에게 하나님 나라에 거할 만한 의와 거룩이 없음을 알고 그것을 구합니다.

의가 없어서 하나님 나라에서 쫓겨날 수밖에 없는 처지를 애통해하며 그 나라에 거할 수 있는 의를 내려주시기를 구하는 것입니다. 자기 힘으로는 하나님 나라에 거할 수 있는 의를 쌓을 수 없음을 알기 때문입니다. 그 기도를 하나님이 다 들어주셨습니다. 그 점에 대해서도 "**주는 겸손한 자의 소원을 들으셨으니**"라는 완료형 동사를 사용해 확정적으로 말합니다. 가난한 자가 하나님 나라에 거하기 위해 그 의를 구하면 하나님은 반드시 들어주신다는 의미입니다. 심령이 가난한 자들을 하나님 나라에 살 수 있게 하는 의는 사람이 행하여 쌓는 것이 아니라 하나님 나라의 주인이 거저 나누어 주시는 것입니다. 예수님께서 "**의에 주리고 목마른 자는 복이 있나니 저희가 배부를 것임이요**"(마 5:6)라고 말씀하신 것과 같습니다. 가난한 자가 하나님께 의를 구하면 하나님은 다 들어주는 분이시기 때문입니다. 메시아는 그 점을 확신하고 있습니다.

가난한 자들이 누리는 복은 거기에 그치지 않습니다. **"저희 마음을 예비하시며 귀를 기울여 들으시고"**(17). 여기 **"예비하시며"**는 '확고하게 하다', '고정시키다'라는 뜻의 미완료형으로 마음을 견고하게 하시며 흔들리지 않도록 붙잡아 주신다는 뜻입니다. **"그는 흉한 소식을 두려워 아니함이여 여호와를 의뢰하고 그 마음을 굳게 정하였도다"**(시 112:7)와 같습니다. **"굳게 정하였도다"**는 우리말로 하면 '확정되었다'는 수동형 의미를 가진 동사입니다. 내가 굳은 마음을 먹었다는 것이 아니라 하나님의 은혜로 견고하게 되었다는 뜻입니다. 본문에서도 마찬가지입니다. 성도가 누리는 구원의 확신은 하나님의 선물입니다. **"너희는 다시 무서워하는 종의 영을 받지 아니하였고 양자의 영을 받았으므로 아바 아버지라 부르짖느니라 성령이 친히 우리 영으로 더불어 우리가 하나님의 자녀인 것을 증거하시나니"**(롬 8:15,16)와 같습니다. 성령 하나님께서 진리 안에서 하나님의 자녀임을 확신케 해 주셔야만 연약한 성도에게 확신이 생깁니다. 하나님은 이 일을 지속적으로 행하십니다. **"예비하시며"**와 **"귀를 기울여 들으시고"**는 하나님께서 가난한 자들의 마음을 지속적으로 견고하게 하시며 그들의 호소를 계속해서 들어 주신다는 사실을 알려줍니다. 진노의 심판으로 악인들과 함께 죽어야 마땅한 자들을 의롭게 하사 자기 백성 삼으실 뿐만 아니라 그들의 마음을 주님께 견고히 고정시켜 더 이상 가난함으로 두려워 떨지 않도록 붙잡아 주십니다. 애통함으로 의와 거룩을 구하는 자의 기도는 천 번이고 만 번이고 다 들어주심으로 확신을 잃지 않게 해 주신다는 것입니다. 하나님은 한번 의롭게 하신 자들을 그렇게 끝까지 책임지실 뿐만 아니라 더욱 장성해 가도록 계속해서 돕는 분이십니다. 메시아는 하나님께서 가난한 자들을 위해서 그렇게 행하실 것을 확신하고 있습니다. 죄로 인해 원수되었던 가난한 자들을 사랑하는 자녀로 삼으시고, 그들을 끝까지 책임지고 붙잡아 주시며 어떤 것도 부족함이 없도록 모든 복된 것들을 내려주신다는 것입니다.

메시아는 하나님이 악인들을 심판하실 때 가난한 자들이 속박에서 벗어나 완전한 평안을 누릴 것을 확신하고 있습니다. **"고아와 압박당하는 자를 위하여 심판하사 세상에 속한 자로 다시는 위협지 못하게 하시리이다"**(18)[7]. "고아와 압박당하는 자"는 "겸손한 자"(17)로 번역된 가난한 자들이 가진 다른 특성을 나타냅니다. 이들은 누구보다 어려운 위치에 있으며 쉽게 착취당하는 자들을 말합니다. 보호자도 없어서 누군가의 도움이 없으면 살 수 없습니다. 하지만 이제 메시아는 하나님께서 악인들을 심판하심으로 이들에게 더 이상 괴로움이나 학대가 없을 것을 확신하고 있습니다. 메시아가 의뢰한 대로 하나님께서 악인들을 심판하시면 고아와 압박당하는 자같이 연약한 성도라도 앞으로 어떤 슬픔이나 애통함, 부족함이 없는 완전한 은혜와 복락을 누리게 되리라는 뜻입니다. 하나님께서 메시아의 간구를 들으시고 자기 나라에 들어온 가난한 자들 모두를 그같이 완전하게 책임지실 것을 확신하고 있습니다. 이와 같은 하나님의 통치 원리가 온 세상 모든 나라를 대상으로 하여 반드시 이루어지리라는 선언입니다. 악인들을 심판하실 때 하나님은 고아와 압박당하는 자를 이와 같이 보호하실 것입니다. 완전한 은혜와 복락을 영원토록 누리게 하실 것입니다.

---

[7] '땅에서 사람이 다시는 학대하지 못하도록 고아와 압박 당하는 자를 위해 심판하소서'라는 간구의 의미로 해석하기도 한다. **"심판하사"**가 히브리어로는 부정사형으로 명령의 의미를 나타내기 때문이다. 부정사형을 취하여 명령의 의미를 나타내는 구절은 대표적으로 제4계명인 **"안식일을 기억하여 거룩히 지키라"**가 있다. 하지만 본문은 개역한글 성경처럼 16절부터 이어지는 확신을 결정짓는 의미로 이해하는 것이 더 자연스러워 보인다.

이런 점을 알리기 위해 구약 사회에서는 고아와 압박당하는 자들을 특별히 돌보라는 계명이 있었습니다. 대표적으로 출애굽기 22장입니다.

> 너는 이방 나그네를 압제하지 말며 그들을 학대하지 말라 너희도 애굽 땅에서 나그네이었었음이니라
> 너는 과부나 고아를 해롭게 하지 말라 네가 만일 그들을 해롭게 하므로 그들이 내게 부르짖으면 내가 반드시 그 부르짖음을 들을지라
> 나의 노가 맹렬하므로 내가 칼로 너희를 죽이리니 너희 아내는 과부가 되고 너희 자녀는 고아가 되리라 네가 만일 너와 함께한 나의 백성 중 가난한 자에게 돈을 꾸이거든 너는 그에게 채주같이 하지 말며 변리를 받지 말 것이며 네가 만일 이웃의 옷을 전당 잡거든 해가 지기 전에 그에게 돌려보내라 그 몸을 가릴 것이 이뿐이라 이는 그 살의 옷인즉 그가 무엇을 입고 자겠느냐
> 그가 내게 부르짖으면 내가 들으리니 나는 자비한 자임이니라"(출 22:21-27).

이와 같은 계명을 이스라엘에게 주신 것은 하나님께서 가난한 자들을 완전한 은혜와 복락으로 부르시고 돌보시기 때문입니다. 하나님은 자기 백성들을 육신의 가난과 학대보다 더 크고 무거운 고통인 영혼의 굶주림과 학대에서 벗어나게 해 주셨습니다. 의가 없어 죽을 수밖에 없던 가난한 자들이 메시아의 대속의 죽음과 간절한 기도로 의의 배부름을 얻었습니다. 하나님의 풍족한 은혜와 무한한 자비와 사랑으로 돌보심을 받은 것입니다. 하나님이 나눠주신 의로 그들이 배부르게 된 것입니다. 이처럼 하나님께서 먼저 고아와 압박당하는 자들을 불러 친자녀처럼 아끼고 사랑하는 나라를 만드셨기 때문에 그 백성된 자는 누구라도 자기가 받은 사랑과 은혜를 나누어야 한다는 것입니다.

시편 본문은 하나님이 자기 백성에게 먼저 주신 그 은혜와 복락이 얼마나 확정적인지를 밝히는 구절입니다. 하나님은 악인들을 심판하실 때 고아와 학대받는 자 같았던 가난한 자들이 완전한 은혜와 복락을 누리게 하십니다. 구원하실 뿐 아니라 계속해서 확신 가운데 지키고 돌보시며 결국 완전한 은혜와 복락을 누리는 자리까지 가게 하십니다. 가난한 자들이 이 나라에서 그와 같은 복락을 받습니다. 하나님이 보호자와 아버지가 되시어 그들을 하나님 나라에서 완전한 만족 가운데 살 수 있게 하십니다. 이것이 메시아가 확신하는 진실입니다. 세상 모든 나라가 이와 같은 하나님의 통치 법칙의 지배를 받을 것입니다. 사도 바울이 복음을 소개하면서 **"내가 복음을 부끄러워하지 아니하노니 이 복음은 모든 믿는 자에게 구원을 주시는 하나님의 능력이 됨이라 첫째는 유대인에게요 또한 헬라인에게로다"**(롬 1:16)라고 선언한 것과 같습니다. 유대인이나 헬라인, 즉 누구에게나 예외 없이 하나님의 통치 법칙이 적용된다는 것입니다. 모든 악인이 하나님께 심판받을 때 믿는 자, 곧 심령이 가난한 자들은 반드시 하나님의 완전한 은혜 아래 거하는 구원의 복을 누리게 될 것입니다. 시편 본문에서 메시아가 확신하고 있는 그대로입니다.

말씀 묵상하며 시편찬송 부르기

# 시편 11편

터가 무너지면
메시아의 하나님 이해

Psalms

## Chapter 1

# 터가 무너지면

> 내가 여호와께 피하였거늘 너희가 내 영혼더러 새 같이 네 산으로 도망하라 함은 어찜인고 악인이 활을 당기고 살을 시위에 먹임이여 마음이 바른 자를 어두운데서 쏘려 하는도다 터가 무너지면 의인이 무엇을 할꼬
> (시 11:1-3)

9편과 10편은 온 세상의 통치권을 부여받은 메시아가 하나님께 악인들을 심판하시고 가난한 자들을 구원해 주실 것을 청원하는 내용이었습니다. 메시아 자신의 죽음과 부활이 그 근거였습니다. 십자가에 못 박혀 죽으시고 부활하신 일을 통하여 하나님 나라의 상속자요 그 나라의 통치자로 세움 받으신다는 2편 말씀을 그대로 따른 것입니다. 그렇게 해서 받으신 통치권에 따라 악인에 대한 심판과 가난한 자들에 대한 구원을 하나님 아버지께 의뢰하였습니다.

하지만 그와 같은 방식으로 하나님 나라를 세우시려는 메시아의 뜻에 의문을 품는 자들이 있습니다. 하나님 나라를 세우는 과정이 그들 눈에 참으로 기이하게 보이는 것입니다. 그 점을 다윗이 극심한 고난 중에 보인 믿음을 통해 알려줍니다. 본문이 그와 같은 의미임을 확인하기 위해서는 먼저 3절에 나타난 **"터"**를 어떤 의미로 사용했는지 살

펴볼 필요가 있습니다. "터가 무너지면 의인이 무엇을 할꼬"(3). "터"는 집이나 어떤 건축물을 세우는 토대나 기둥을 나타냅니다. 그래서 '기둥'으로 번역되기도 합니다. 애굽 전체가 다 수난당한다는 사실을 "**애굽의 기둥이 부숴지고 품군들이 다 마음에 근심하리라**"(사 19:10)라고 묘사했습니다. "**기둥(들)**"이 품삯을 받아 사는 가난한 사람들인 "**품군들**"과 대조됩니다. 여기서 "**기둥(들)**"이 애굽을 든든히 지탱한다고 여겨지는 왕족이나 최고 계층을 가리키고 있음을 알 수 있습니다. 왕정 시대에는 절대 권력을 가진 왕 자신이 국가를 떠받치는 토대나 기둥으로 여겨졌습니다. 왕이 곧 국가의 기반이요 상징인 것입니다. 그래서 왕조가 바뀌면 나라 자체가 다른 나라로 바뀝니다.

이러한 의미에 따라 사도 바울은 예수님이 교회의 터라고 하였습니다. "**내게 주신 하나님의 은혜를 따라 내가 지혜로운 건축자와 같이 터를 닦아 두매 다른 이가 그 위에 세우나 그러나 각각 어떻게 그 위에 세우기를 조심할찌니라 이 닦아 둔 것 외에 능히 다른 터를 닦아 둘 자가 없으니 이 터는 곧 예수 그리스도라**"(고전 3:10,11). 십자가에 못 박혀 죽으신 예수 그리스도만이 하나님 나라를 보존하고 지탱하는 유일한 터가 되신다는 뜻입니다. 물론 하나님 나라의 왕권은 절대적으로 의로운 권세라는 점에서, 부패하고 오염된 권력을 휘두르는 땅의 왕권과 크게 차이가 있습니다. 권세를 가졌다는 점이 유사하더라도 그 권세를 오직 의와 거룩과 사랑과 진리와 은혜 안에서 백성을 다스리기 위해 사용한다는 점에서 전혀 다른 왕권입니다.

이처럼 "**터**"가 왕국을 떠받치는 기둥이나 토대와 같은 권세자를 가리킨다는 사실을 염두에 두고 1절을 살펴보겠습니다. "**내가 여호와께 피하였거늘 너희가 내 영혼더러 새같이 네 산으로 도망하라 함은 어찜인고**"(1). '내가 여호와께 피하였다'는 말은 모든 것을 하나님께 맡기고 하나님을 의지하였다는 사실을 가리킵니다. 이렇게 해야만 했던 이유는 2절에 나타납니다. 원문에는 '왜냐하면'이라는 접속사가 있습니다. 도망치라고 권하는 이유라 할 수 있습니다. **"악인이 활을 당기고 살을 시위에 먹임이여 마음이 바른 자를 어두운 데서 쏘려 하는도다"**(2). 악인이 하나님 나라의 터가 되는 **"마음이 바른 자"**를 죽이려 하는 사실을 알았기 때문입니다. **"마음이 바른 자"**는 메시아를 가리킵니다. 사람은 항상 올바른 마음을 갖지 못하되 메시아는 완전히 의롭고 흠 없는 마음을 가지셨기 때문입니다. 이 단어가 사람에게 사용될 때는 주로 '정직하다'로 번역됩니다. 하나님 앞에서 거짓 없이 자기 죄와 허물을 인정하는 것입니다. 사람에게는 그것이 올바른 마음입니다. 하지만 흠 없이 마음이 바른 자는 메시아밖에 없습니다. 따라서 본문은 악인이 **"마음이 바른 자"**, 곧 흠 없으신 메시아를 죽이려고 음모를 꾸미고 있다는 뜻으로 봐야 합니다. **"어두운 데서"** 쏘려 한다는 것은 거짓 증인을 동원하고 명분을 내세워 까닭 없이 메시아를 죽이려고 음흉하게 움직인다는 것입니다. 로마 총독과 유다 왕 헤롯이 군중들의 살의에 저항하지 못하고 아무 죄 없는 메시아를 처형대로 가게 한 것과 같습니다.

메시아는 그런 일을 당할 때 하나님께 모든 것을 맡기고 하나님을 전적으로 의지하였습니다. 회개하는 죄인들인 가난한 자들을 대신하여 죽으심으로 그들이 심판을 면하고 구원받게 하실 것을 알았기 때문입니다. 또한 그 일은 하나님의 아들이 거룩한 산 시온에서 당하실 죽음으로(시 2:6,7) 온 세상의 통치자로 인정될 것이라는 약속을 이루는 일인 줄 알았기 때문입니다. 메시아는 그 일에 온전히 자기를 맡기신 것입니다. 자신이 죽어야 함에도 하나님 아버지의 섭리에 기꺼이 순종하기로 한 것입니다.

하지만 그것을 만류하는 자들이 있었습니다. 메시아 주변에 있던

무리가 그렇게 한 것입니다. 그들은 메시아에게 죽임당하지 않도록 도망치기를 청원하였습니다. **"너희가 내 영혼더러 새같이 네 산으로 도망하라 함은 어찜인고"**, 이 구절은 해석이 까다롭습니다. 원문에는 **"산으로"**에서 방향을 나타내는 전치사 **"으로"**가 없어서 '산으로' 또는 '산에서' 도망하라는 해석이 다 가능하며, 마찬가지로 **"새같이"**에서 **"같이"**라는 단어도 없습니다. **"네 산으로"**에서 **"네"**는 원래 복수 형태로 '너희'를 뜻하나 단수로 번역했습니다. 이런 점들이 본문의 의미를 쉽게 확정하지 못하게 합니다. 다양한 해석이 가능하기 때문입니다. 그래서 앞뒤 관계를 살펴 의미를 결정할 수밖에 없습니다.

우선 결정해야 할 문제는 메시아에게 도망하라고 권하는 자들이 누구인가 하는 것입니다. 그들은 2절에 나타난 악인과 대조되는 사람입니다. 죽이려 하면서 도망가라고 청하는 자는 없기 때문입니다. 악인이 아니면서도 죽임을 당하지 않으려면 도망치라고 권하는 이들은 메시아와 가까운 자들일 수밖에 없습니다. 다윗을 아끼는 친구나 충신들이 다윗이 위기에 빠졌을 때 도망하라고 권했던 것처럼 메시아의 권세가 무너지기를 원치 않는 충성된 제자들이 이렇게 권할 수 있습니다.

다음으로 결정해야 할 문제는 **"산으로"**인지 '산에서'인지입니다. 둘 다 가능하지만 '산에서'라고 이해하는 것이 더 합당하게 보입니다. **"도망하라"**는 명령과 관련하여 어디로 향하라는 명확한 방향을 지시하지 않을 때는 주로 어디에서 도망치라는 용례가 많을 뿐 아니라 그렇게 볼만한 다른 이유도 있습니다. 시편이 진행되면서 **"산"**이 등장한 곳은 2편의 **"내 거룩한 산 시온"**(시 2:6)입니다. 하나님 나라의 중심이자 하나님께서 메시아를 왕으로 세우시겠다고 선언한 장소입니다. 메시아는 그곳에서 십자가에 못 박혀 죽으심으로 하나님 나라의 왕이라는 사실이 확정될 것이라 하였습니다. 그러나 제자들은 메시아가 죽어야만 진정한 하나님 나라의 통치자로 인정되신다는 사실을 온전히 이해하지 못했습니다. 그래서 왕권의 상징이자 죽음의 장소인 산에서 도망하라고 권했습니다. 강한 상대의 공격에 도망 다닐 수밖에 없는 연약한 새처럼 칼과 창을 들고 죽이러 오는 대적을 피해 도망하라고 하는 것입니다.

그 산을 원문에서는 '너희의 산'이라고 했습니다. 우리말로는 **"네 산으로"**라고 함으로써 도망치라고 권하는 자들이 하는 말로 해석되지만 원문은 '너희의 산'입니다. 청원을 받는 메시아가 청하는 자들에게 의미 있는 산을 호칭하는 것으로 이해할 수 있습니다. 곧 그 산이 백성들의 생명을 보전하는 중심지이기도 하다는 사실을 알려준다고 하겠습니다. 다시 말하면 메시아가 죽어야만 죄인들이 구원받아 하나님 백성이 될 수 있다는 점에서 시온은 그들에게도 중요한 의미가 되는 산입니다. 메시아의 죽음으로 가난한 자들이 심판을 면하고 하나님의 백성이 되어 거룩한 나라를 이룰 수 있게 하는 왕권이 거기서부터 발휘되기 때문입니다. 그렇게 볼 때 1절에서 두 번 연달아 나오는 **"너희"**를 특별한 이유 없이 각각 다른 의미로 해석하지 않고 일관성 있게 보는 장점도 있습니다.

이처럼 1, 2절은 자신들의 왕이 죽임당할 위기에 처한 것을 보면서 속히 도망할 것을 권하는 측근들과 신하들의 권면에 반문하는 메시아의 확신을 묘사하고 있습니다. 메시아는 하나님의 뜻에 순종하여 죽으시고 부활하심으로 하나님 나라의 상속자가 되는 일에 기꺼이 자기를 맡기기로 하였으나 가장 가까운 자들마저 그 죽음을 피하기를 구한다는 것입니다. 왜냐하면 아직 그들의 눈에는 메시아가 죽으면 하나님 나라의 왕권이 무너지고 의인이 하나님 나라의 백성으로 든든히 설 수 없을 것 같다는 절망감 때문입니다. **"터가 무너지면 의인이 무엇을 할꼬"**(3)라는 말씀이 그 뜻입니다. 왕이 죽거나 왕국을 떠받치는 기둥과 토대와 같은 세력이 힘을 잃으면 나라가 멸망하며 백성들은 삶의 터전을 잃어버린다는 생각에서 벗어나지 못했던 것입니다. 누구라도 그럴 수밖에 없을 것입니다. 왕이 죽어야 그 왕권과 그를 따르던 자들이 번영을 누린다는 생각은 세상에 존재할 수가 없기 때문입니다. 그래서 메시아를 사랑하며 따르는 자들조차도 메시아가 죽음으로 왕위에 오르신다는 사실을 믿지 못하고 적극 만류했던 것입니다.

실로 주님을 사랑하는 제자들조차도 처음엔 죄인을 구원하기 위해 메시아가 죽어야 한다는 사실을 이해하지 못했습니다. 하나님 나라를 세우기 위해서 왜 메시아가 죽어야 하는지 그 이유를 알지 못한 것입니다. 그것은 마태복음에 잘 드러나 있습니다. 예수님은 십자가를 지고 죽으실 날을 얼마 앞두고 제자들에게 자신의 죽음과 부활에 대해서 가르치셨습니다. 그러나 제자들의 생각은 전혀 달랐습니다. **"이때로부터 예수 그리스도께서 자기가 예루살렘에 올라가 장로들과 대제사장들과 서기관들에게 많은 고난을 받고 죽임을 당하고 제 삼일에 살아나야 할 것을 제자들에게 비로소 가르치시니 베드로가 예수를 붙들고 간하여 가로되 주여 그리 마옵소서 이 일이 결코 주에게 미치지 아니하리이다"**(마 16:21,22). 베드로의 간언은 시편 11편에 예언된 말씀과 똑같습니다. **"내 영혼더러 새같이 네 산으로 도망하라 함은 어찜인고"** 라고 할 때 **"어찜인고"** 라는 말은 도망하라는 충고는 진심에서 나온 줄 알지만 무가치하다는 것입니다. 친구들의 충고는 인간적인 관점에서 이해할 수 있지만 도리어 악한 결과를 낳는 충고일 뿐입니다. 그 일이 베드로에게 그대로 적용되었습니다. 그 일로 베드로는 **"사단아 내 뒤로 물러가라 너는 나를 넘어지게 하는 자로다 네가 하나님의 일을 생각지 아니하고 도리어 사람의 일을 생각하는도다"**(마 16:23)라는 예수님의 책망을 들어야 했습니다. 아무리 **"주는 그리스도시요 살아계신 하나님의 아들이시니이다"(마 16:16)라는 올바른 신앙고백을 했을지라도 고난받고 죽어야 하는 사실을 배제하거나 소홀히 하는 상태에서 하는 고백은 거짓 믿음일 뿐이라는 선언입니다. 예수님께서 극단적인 **"사단"**이라는 표현까지 쓰면서 그렇게 말씀하신 이유는 이 일이 얼마나 엄중한 사안인지를 드러냅니다. 예수님을 믿되 먼저 죄인들을 위해 죽으시고 부활하신 일이 없어도 된다고 생각하는 믿음은 입으로 아무리 올바른 신앙고백을 한다고 해도 아무 소용이 없습니다. 십자가를 지신 예수님이 아니라 예수님의 다른 속성만 보고 믿는다고 말하는 것은 사단이 주는 거짓 믿음이기 때문입니다.

베드로의 이런 모습은 사실 신자들의 마음을 대변합니다. 메시아가 먼저 고난받고 죽으셔야만 하나님 나라의 통치자로 세움 받고, 그래야만 하나님 나라가 완성된다는 사실을 인정하기가 그만큼 쉽지 않습니다. 왕이 죽어야 세워지는 나라가 있다는 사실을 그 어디에서도 보지 못했기 때문입니다. 경쟁자를 죽이든지 아니면 평화롭게 투표를 하든지 해서 이겨야 권력을 잡는 법입니다. 어떤 방식으로든 다른 사람들 위에 올라서야 통치자가 되어 나라를 다스릴 수 있습니다. 그러나 하나님 나라는 어찌 된 일인지 왕이 먼저 죽음으로써 그의 나라가 세워지고 그 왕권이 굳건히 되리라 하시니 아무도 그와 같은 방식을 쉽게 이해할 수 없었습니다. 그 길은 누가 봐도 끔찍한 고난만 받으며 망하는 길이었고 존재 기반이 완전히 무너지는 방식이었습니다.

그러나 그런 이야기를 듣고서도 베드로는 이 일을 잘 이해할 수가 없었습니다. 나중에 유대 관원들과 대제사장들이 예수님을 칼과 몽치를 들고 잡으러 왔을 때 그는 **"손을 펴 검을 빼어 대제사장의 종을 쳐 그 귀를 떨어뜨렸고"**(마 26:51), 이것이 바로 대다수 성도의 마음일 것입니다. 자기 왕이 억울하게 죽으러 끌려가는 현장에서 기쁜 마음으로 보낼 수 있는 자들이 없을 것이기 때문입니다. 하지만 베드로는 다시 예수님께 **"네 검을 도로 집에 꽂으라 검을 가지는 자는 다 검으로 망하느니라 너는 내가 내 아버지께 구하여 지금 열두 영 더 되는 천사를 보내시게 할 수 없는 줄로 아느냐 내가 만일 그렇게 하면 이런 일이 있으리라 한 성경이 어떻게 이루어지리요"**(마 26:52-54)라는 책망을 들어야 했습니다. 메시아가 죽음으로 하나님 나라의 왕권을 상속받게 되며 죄인들이 구원을 얻을 수 있음에도 결론적으로는 그 일을 방해한 격이 되었기 때문입니다. 결국 베드로는 예수님께서 부활하신 후에야 모든 사실을 깨닫고 온전한 믿음을 증명하며 전하는 사도가 될 수 있었지만 처음부터 그렇지는 못했습니다.[8]

본문은 그와 같은 사실을 알려줍니다. 메시아가 하나님 나라의 상속자가 되어 죄인들을 철장으로 심판하시고 가난한 자들을 넉넉히 구원하시는 일은 자신의 죽음과 부활을 통해서만 이루어지는 일이어서 기꺼이 감당하려 하나 그 일을 온전히 이해하며 수긍하는 자들이 없다는 것입니다. 이와 같은 메시아의 속성은 오늘날까지도 걸림돌이 됩니다. **"십자가의 도가 멸망하는 자들에게는 미련한 것이요 구원을 얻는 우리에게는 하나님의 능력이라"**(고전 1:18)는 말씀은 여전히 메시아를 십자가와 부활에 뿌리를 두지 않고 그 영광만을 위하여 찾아 나선 사람들이 많음을 암시합니다. 그 누구도 쉽게 이해하거나 즐거운 마음으로

---

8 예수님을 메시아라 믿었으나 십자가에 못 박혀 힘없이 죽으신 것을 본 후 소망을 잃고 실의에 빠져 엠마오로 돌아가고 있던 두 제자에게 주신 말씀도 같은 배경에서 이루어졌다. **"미련하고 선지자들의 말한 모든 것을 마음에 더디 믿는 자들이여 그리스도가 이런 고난을 받고 자기의 영광에 들어가야 할 것이 아니냐 하시고 이에 모세와 및 모든 선지자의 글로 시작하여 모든 성경에 쓴 바 자기에 관한 것을 자세히 설명하시니라"**(눅 24:25-27). 구약 성경이 이미 십자가에 못 박혀 죽는 이가 메시아임을 증언하고 있다는 것이다(눅 24:44-48).

흔쾌히 받아들일 수 없는 일입니다. 사람들은 근본적으로 영광과 승리와 축복을 누리게 해 주는 왕을 좋아하지 자기가 먼저 고난받고 죽는 왕을 믿고 따르려 하지 않습니다. 절대 쉬운 일이 아닙니다. 누구에게도 메시아의 고난과 죽음은 낯설고 피하고 싶은 일입니다.

그런데도 메시아는 하나님께 모든 것을 맡기고 죽음의 지경에서도 건져내시어 부활하게 하심으로 언약대로 하나님 나라를 상속하게 하실 줄로 믿고 기꺼이 십자가를 지려 하신다는 것을 보여줍니다. 메시아는 아무도 이해하지 못하고 적극 만류하는 그 길을 가기로 하셨습니다. 하나님께서 다시 살려주실 것을 믿고 영혼이 버림당하는 죽음을 기꺼이 당하기로 하셨습니다. 참으로 기이한 방식입니다.

이 나라는 그만큼 독특한 방식으로 세워지는 나라임을 기억해야 합니다. 십자가를 지고 죽으신 모습을 제쳐놓고 예수님의 다른 속성을 좋아하며 따르는 것은 사단이 주는 거짓 믿음입니다. 오직 자기 심령의 가난함 때문에 십자가에 못 박혀 죽으신 메시아를 구주요 왕으로 믿고 순종하는 믿음이 참된 믿음입니다. 온 세상 악인들이 살기등등하여 죽이려 덤벼들고 사랑하는 제자들마저 떠나거나 만류하던 죽음의 길에서, 하나님의 처분에 모든 것을 맡기고 기꺼이 걸어가신 메시아의 하늘 영광을 깨닫고 영접하는 자들이 하나님의 참된 백성입니다. 아무도 이해하지 못한 고난의 길을 자원하여 걸으신 그분을 믿고 자기를 부인하며 따르는 자들이 그 나라의 백성들입니다.

## Chapter 2

## 메시아의 하나님 이해

여호와께서 그 성전에 계시니 여호와의 보좌는 하늘에 있음이여 그 눈이 인생을 통촉하시고 그 안목이 저희를 감찰하시도다 여호와는 의인을 감찰하시고 악인과 강포함을 좋아하는 자를 마음에 미워하시도다 악인에게 그물을 내려 치시리니 불과 유황과 태우는 바람이 저희 잔의 소득이 되리로다 여호와는 의로우사 의로운 일을 좋아하시나니 정직한 자는 그 얼굴을 뵈오리로다(시 11:4-7)

3절까지의 말씀은 메시아가 당하는 일이 사람들 눈에 얼마나 기이하게 보이는가를 짐작하게 했습니다. 그들은 메시아를 죽이려 덤비는 자들을 피해 도망가라고 했습니다. 메시아가 죽으면 하나님 나라의 터가 무너져 백성들도 함께 멸망 받는 줄 알았기 때문입니다. 하지만 메시아는 그들의 만류에도 불구하고 하나님께 모든 것을 의뢰하며 기꺼이 죽음을 받아들이기로 하셨습니다. 그 누구도, 심지어 제자들조차 이해할 수 없었던 '터가 무너지는 고통의 죽음'을 반드시 가야 할 길로 여기셨던 것입니다.

그러면, 메시아는 사랑하는 사람들의 만류에도 불구하고 어떻게 터가 무너지는 죽음의 길을 기꺼이 가려고 하셨는지, 어떻게 그럴 수 있었는지를 본문이 밝힙니다. **"여호와께서 그 성전에 계시니 여호와의 보**

**좌는 하늘에 있음이여**"(4)라고 합니다. 관원들의 칼과 두려운 십자가의 죽음만을 보는 사람들과는 달리 메시아는 전혀 다른 곳을 바라보고 있습니다. 메시아는 자신이 극심한 고통 중에 죽어야 함에도 또한 그 죽음을 계획하신 이가 하나님 아버지이심에도 불구하고, 그 죽음 자체보다 여호와 하나님과 그의 나라를 바라보고 있습니다. **"여호와께서 그 성전에 계시니"**라고 할 때 **"그 성전"**은 '그의 성전'이라는 뜻입니다. 단순히 하나의 건물이 아니라 '거룩한 왕국'을 가리킵니다. 여호와는 거룩한 나라의 통치자로 좌정하고 계신다는 말입니다. 그런 의미에서 **"여호와의 보좌는 하늘에 있도다"**라고 합니다. 즉 메시아가 지금 바라보는 여호와는 땅의 존재들이 감히 넘볼 수 없는 지극히 높으신 최고 통치자라는 뜻입니다. 이는 **"하늘에 계신 자가 웃으심이여 주께서 저희를 비웃으시리로다"**(시 2:4)라는 말씀을 기억나게 합니다. 여기서 땅의 관원들과 하늘의 하나님을 대조시켜 드러내면서 사람들이 하나님의 통치 규례인 율법을 어긴 의미를 보여주었습니다. 곧 율법을 어긴 것은 도저히 이길 수 없는 크고 강력한 권세를 지닌 통치자에게 무모하게 반역을 일으킨 어리석은 자들과 같다는 것입니다. 하늘을 상대로 역모를 꾀하는 것처럼 어리석은 일이 없습니다. 뭔가 이길 방도가 마련이 돼야 칼이나 창을 휘두를 수 있는 법입니다. 그런데 인류는 하나님이 계시는 하늘에는 발이라도 들여놓기는커녕 그 하늘을 전혀 보지도 못하는 처지이면서도 마치 하나님을 제압할 수 있는 것처럼 행한다는 의미였습니다. 하나님은 그만큼 높고 크신 분이라는 뜻이었습니다. 메시아는 지금 그 하나님을 올바로 이해하며 바라보고 있습니다. 그의 시선은 위협하는 원수들을 떠나, 온 우주의 참된 통치자이신 주님을 향하고 있습니다. 그 점이 사람들의 만류에도 불구하고 기꺼이 고난의 길을 걷게 한다는 것입니다.

더 나아가 메시아는 하늘에 좌정하여 계신 여호와 하나님이 하시는 일에 대해서도 알고 계셨습니다. **"그 눈이 인생을 통촉하시고 그 안목이 저희를 감찰하시도다"**(4). 하나님이 땅 위 높은 하늘에 앉아 계신다는 말씀이 무슨 의미인지를 정의해줍니다. 하나님은 땅에서 멀리 계셔서 지상에서 벌어지는 일들에 대해 잘 알지 못하거나 무관심한 분이 아닙니다. 하나님은 인생을 통촉하시고 감찰하시는 분입니다. **"인생"**이란 '사람의 아들들'이라는 의미로 인류 전체를 가리킵니다. 전체 인간이 여기에 속해 있습니다. 그들을 통촉하시고 감찰하신다는 말은 그들이 하는 모든 것을 남김없이 다 보시고 평가하신다는 의미입니다. 그 누구도 그분의 시야에서 벗어날 수 없습니다. 하나님은 하늘에서 인생을 살피십니다.

그 살핌의 정도가 이렇습니다. **"여호와는 의인을 감찰하시고 악인과 강포함을 좋아하는 자를 마음에 미워하시도다"**(5). '감찰하신다'는 '시험하여 가려내신다'는 의미입니다. 마치 광석을 불로 시험하여 정결한 은을 추출하듯이 하나님은 인생에서 의인들을 추출하신다는 것입니다. '하나님이 하늘에서 인생을 살피신다'는 말은 그저 내려다보고만 계신다는 뜻이 아닙니다. 풀무불 앞에 선 장인이 은을 정련하듯 무한한 열심으로 의인의 삶에 섭리하시고 간섭하고 계신다는 말입니다. 지금도 의로운 세상과 거룩한 백성을 위해 일하고 계십니다.

그뿐만 아니라 **"악인과 강포함을 좋아하는 자를 그 마음으로 미워하시도다"**라고 합니다. 하나님은 악인들이 행하는 것과 마음에 품은 것이 무엇인지를 다 아시고 **"강포함을 좋아하는 자"**를 미워하십니다. 그들이 마음에 품고 있는 죄까지 꿰뚫어 보고 계시는 것입니다. 마음을 지으신 분이 사람들의 마음에 품은 생각을 아신다는 사실은 당연합니다. 하나님의 눈은 사람 내면의 깊숙한 곳에 숨어 있는 욕망까지도 다

파악하실 수 있을 만큼 강력합니다. 그리고 '그의 마음으로 미워하신다'라는 말씀은 그분의 본성 자체가 악을 싫어하며 지극히 혐오스러운 것으로 취급하신다는 말입니다. 하나님은 온전한 거룩을 소유한 자가 아니면 하늘로 불러들일 백성으로 삼지 않으십니다. 그분은 죄를 미워하는 분이시기 때문에 죄를 몰아내지 않고 마음에 계속 품고 있는 자들을 미워하십니다. 행실뿐만 아니라 마음에 죄를 담고 치우려 하지 않는 자들까지 혐오하신다는 것입니다.

메시아는 여호와 하나님이 사람을 그렇게 살피고 분류하신 다음 어떻게 하시는지도 알고 계셨습니다. 악인에게 하시는 일에 대해서는 6절에, 의인에게 하시는 일에 대해서는 7절에 나와 있습니다. 악인에게는 이렇게 하십니다. **"악인에게 그물을 내려 치시리니 불과 유황과 태우는 바람이 저희 잔의 소득이 되리로다"**(6). 하늘로부터 불과 유황의 비를 맞고서 멸망한 소돔과 고모라를 연상시키는 말입니다. 모든 악인이 이와 같은 운명을 맞을 것이라는 말입니다. 또한 힘을 모아 전투를 벌였지만 여호와께서 **"쏟아지는 폭우와 큰 우박덩이와 불과 유황으로"**(겔 38:22) 심판을 내리신 **"곡"**과 **"마곡"**(겔 38:2)을 떠올리게도 합니다. 불과 유황의 폭풍이 일 때 누가 견딜 수 있겠습니까? 온 도시가 진노의 불길에 태워져 사멸된 것처럼 악인들이 그와 같은 운명을 겪을 것입니다. **"태우는 바람"**은 하늘에서 내리 부는 파괴적인 힘입니다. 사막에서 부는 뜨거운 바람에 모든 초목이 메말라 죽듯이 하나님 진노의 불길이 악인들을 태워 멸망케 할 것입니다. 끝내 죄를 버리지 않는 자들은 불로 처형당하는 진노의 잔을 마시게 될 것입니다. 하지만 의인에게는 이렇게 하십니다. **"여호와는 의로우사 의로운 일을 좋아하시나니 정직한 자는 그 얼굴을 뵈오리로다"**(7). 메시아의 죽음과 부활을 통하여 얻은 의를 소유한 의인들과는 얼굴과 얼굴을 맞대고 친밀한 교제를 나눈다는 뜻입니다. "**여호와여 주의 얼굴을 들어 우리에게 비춰소서**"(시 4:6)라고 구했던 메시아의 요청을 하나님이 받아들이셔서 그들에게 진노의 심판이 아닌 사랑과 자비와 호의로 대해주신다는 말입니다.

여기서 "**의로운 일**"과 "**정직한 자**"가 평행으로 묘사된 것은 사람이 갖는 의의 속성이 정직한 데 있다는 의미입니다. 의가 없으면서 있는 체하지 않고 자기 노력으로 쌓은 의로 하늘에 오를 수 있다고 생각하지 않으며, 하나님 앞에서 자기 자신을 있는 그대로 정직하게 인정하고 하나님이 마련하신 의를 필요로 하는 존재임을 고백한다는 말입니다. 사람은 가장 먼저 하나님 앞에서 정직해야 합니다. 죄를 죄로 고백하고 무능함을 있는 그대로 인정하는 것이 하나님 앞에 정직한 것입니다. 그게 바른길이며 하나님은 예수 그리스도 안에서 정직한 자를 의인으로 여겨 주십니다. 그렇지 않고 의가 있는 체하거나 하나님 나라에 들어갈 만한 자격이 있는 것처럼 행하는 것은 다 불의한 것입니다. 정직하지 못한 것입니다.

하나님은 그와 같은 정직으로 의인 된 자들에게 호의를 베푸십니다. 악인에게는 불같은 진노로 징벌을 내리시는 것과 정반대입니다. 정직한 자들이 비록 의가 없어도 하나님께 어떤 두려움도 없이 담대하게 나아가 예배하며 은혜를 구할 수 있게 해 주십니다. 하늘에서 인생들을 낱낱이 살펴보실 뿐만 아니라 의인과 악인을 그 마음까지 파악하시며 온전한 공평으로 심판과 구원을 집행하실 능력까지 소유하고 계십니다. 메시아가 이와 같은 지식과 믿음으로 십자가를 지시기까지 하나님께 순종하신 덕택에 정직한 자들이 의와 거룩을 얻어 하나님의 자녀가 되며, 회개하지 않고 여전히 악에 머물기를 즐기는 자들은 불과 유황과 태우는 바람으로 멸망당하는 심판을 받습니다.

본문은 메시아의 하나님 이해가 이러하다고 밝히고 있습니다. 이

지식과 믿음으로 하나님 나라의 존재 기반이 무너지는 것처럼 보이는 십자가 죽음에서 도망치라는 사람들의 만류를 뿌리치고 하나님이 계획하신 고난의 길을 기꺼이 걸어가시는 것입니다.

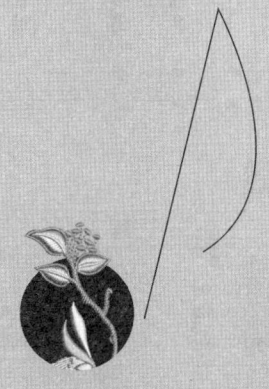

말씀 묵상하며 시편찬송 부르기

# 주께 피했거늘

시편 11

OLMUTZ. S.M.

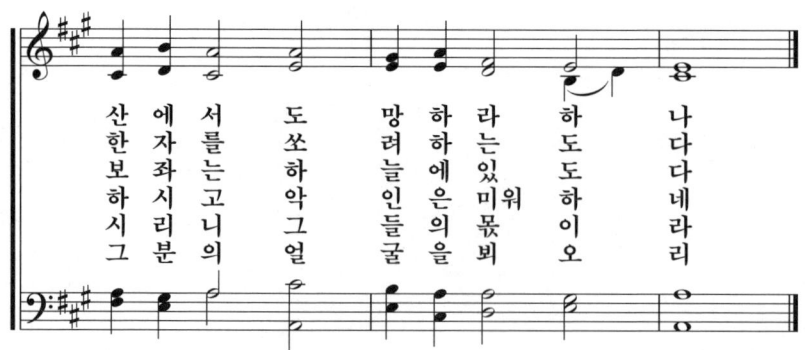

# 시편 12편

경건한 자와 충실한 자들
여호와여 저희를 지키사

*Chapter 1*

## 경건한 자와 충실한 자들

> 여호와여 도우소서 경건한 자가 끊어지며 충실한 자가 인생 중에 없어지 도소이다 저희가 이웃에게 각기 거짓을 말함이여 아첨하는 입술과 두 마음으로 말하는도다 여호와께서 모든 아첨하는 입술과 자랑하는 혀를 끊으시리니 저희가 말하기를 우리의 혀로 이길찌라 우리 입술은 우리 것이니 우리를 주관할 자 누구리요 함이로다(시 12:1-4)

11편에서는 터가 무너지는 일, 곧 그 나라의 통치자 되신 메시아의 죽음이 지닌 의미를 이해하지 못한 자들이 극구 만류하는데도 메시아는 기꺼이 죽임당할 것임을 밝혔습니다. 그 일을 계획하신 하나님이 어떤 분이신지를 메시아가 알고, 또 그 일을 통해서만 악인을 심판하고 가난한 자들을 구원할 수 있기 때문이었습니다.

12편은 그 상황에서 메시아가 하나님께 드린 간구와 하나님의 응답이 어떠했는지를 보여줍니다. **"여호와여 도우소서 경건한 자가 끊어지며 충실한 자가 인생 중에 없어지도소이다"**(1). 하나님 나라의 통치자 되신 메시아는 하나님께 구원을 요청하십니다. **"도우소서"**라는 말은 주로 '구원하소서'로 번역되는 단어입니다. 곤란한 일을 당하여 도움을 청하는 정도가 아니라 구원과 심판이라는 훨씬 중대한 상황임을 알게 합니다. 그 점을 이어지는 말씀에서 알 수 있습니다. **"경건한 자가 끊어지며 충실한 자가 인생 중에 없어지도소이다"**. 얼핏 보면 서로 거짓말하고 아첨하며 위선으로 얼룩진 사람들 때문에 성도들이 당하는 고통에서 건져주시라는 기도 같으나 실제는 훨씬 깊고 심각한 의미를 담고 있습니다. 우선, **"끊어지며"**, **"없어지도소이다"**는 완료형 동사로 '끊어졌다', '사라졌다'는 뜻입니다. 이미 일어난 결과를 나타내고 있습니다. 단순히 '경건하고 충실한 자'가 어려움에 처했으니 도와주시라는 뜻이 아니라 경건한 자가 이미 끊어졌고, 신실한 자들이 이미 사라졌음을 나타냅니다. 더 주의 깊게 살펴봐야 하는 점은 원문에서 **"경건한 자"**는 단수로, '인생들 중에 충실한 자'는 복수로 구분하고 있다는 사실입니다. **"경건한 자"**와 '인생들 중에 충실한 자들'이라는 뜻입니다. 여기서 경건한 자를 단수로 구분하여 사용했다는 것은 특별한 의미를 함축하고 있습니다.

**"경건한 자"**는 시편 4편에서 처음 등장했습니다. **"여호와께서 자기를 위하여 경건한 자를 택하신줄 너희가 알지어다 내가 부를 때에 여호와께서 들으시리로다"**(시 4:3). 이 구절에서 **"경건한 자"**는 메시아를 가리키고 있음을 확인했습니다. 고난 당하는 메시아는 하나님이 그의 기도를 들어주실 수밖에 없을 만큼 의롭고 거룩한 분이심을 알라는 의미에서 백성들을 향해 주시는 말씀이었습니다. 자기 의로 하나님 앞에 나아가 기도할 때 하나님께서 들어주실 수밖에 없을 만큼 경건한 자는 메시아 외엔 아무도 없습니다. 그 이후에 다른 언급 없이 본 구절에서 **"경건한 자"**가 두 번째로 등장하며 복수 형태인 **"충실한 자들"**과 대비됩니다. 이는 메시아가 고난받고 죽임당하신 상태요, 전체 인류는 죄로 말미암아 심판 받아 마땅한 상태임을 나타냅니다. 메시아는 그와 같은 상태에서 하나님께 구원을 요청하시는 것입니다.[9] 그런 의도에서 원문은 접속사를 두 번 사용하여 각각의 이유를 밝힙니다. '주여 구원하소서. 왜냐하면 경건한 자가 끊어졌기 때문이며, 왜냐하면 전체 인류 중 신실한 자들이 사라졌기 때문입니다'라는 뜻입니다. **"끊어지며"** 는 '끝나다, 완성하다'는 의미를 지닌 단어이며 **"없어지도소이다"** 는 구약성경에서 한 번 나오는 단어로 '사라지다, 자취를 감추다'라는 의미입니다. **"경건한 자"** 는 무언가를 완성하는 의미에서 끊어졌고 '신실한 자들'은 찾을래야 찾을 수 없는 상태를 알려줍니다. 그와 같은 상황에서 여호와께 구원을 청원하고 있습니다. 터가 무너지는 일처럼 여겨져서 모두가 만류한(시 11:1-3) 죽음을 기꺼이 당하신 메시아 자신을 하나님께서 기억해 주시라는 청원과, 죄로 인해 누구도 심판을 피할 수 없는 전체 인류를 기억하시어 악인은 심판하시되 그 가운데 가난한 자들은 구원해 주시라는 청원입니다.

그런 의미에서 전체 인류가 멸망 당할 수밖에 없는 상태임을 구체적으로 밝힙니다. **"저희가 이웃에게 각기 거짓말을 말함이여 아첨하는 입술과 두 마음으로 말하는도다"** (2). 모든 인간이 각각 거짓말하고 아첨하며 위선적으로 말한다고 합니다. 몇몇 거짓말쟁이나 이중인격자들을 고발하는 것이 아닙니다. 이들이 구체적으로 어떤 자들인가는 이미 알려졌습니다. 시편 10편에서 사람이 심판받아야 할 이유 중 하나를 이렇게 밝혔습니다. **"그 마음에 이르기를 나는 요동치 아니하며 대대로 환난을 당치 아니하리라 하나이다 그 입에는 저주와 궤휼과 포학이 충만하며 혀 밑에는 잔해와 죄악이 있나이다"** (시 10:6,7). 자기 생각에서 하

---

9 이 구절과 대조적으로 시편 32:6의 **"무릇 경건한 자는"** 의 원문은 '모든 경건한 자들은'이라는 복수로 회개하는 성도들을 가리킨다.

나님을 지워버린 사람은 부패와 타락이 점점 깊어져 정서와 의지까지 타락하게 되었음을 가리키는 말씀이었습니다. 사람이 의지적 영역까지 철저히 부패하였다는 증거를 그 입에서 거짓과 저주와 죄악을 말한다는 점으로 제시한 것입니다. 거짓말한다는 것은 사람이 하나님 앞에서 부패할 대로 부패한 죄인이 되었다는 증거입니다. 그와 같이 '거짓을 말하고 아첨하며 두 마음으로 말하는' 것은 심판받아 마땅한 죄인의 상태를 가리킵니다. 그래서 메시아는 인간들 가운데 심판을 피할 만한 신실한 자가 아무도 없음을 아뢰는 것입니다. '주여 구원하소서'라고 청원하는 가운데 이러한 사실을 밝히는 것은 모든 인간이 심판받을 수밖에 없으나 그들 가운데 어떤 자들을 구원해 주시라는 청원입니다. 신실한 인간이 다 사라지고 없는 비참한 현실 속에서 메시아가 자기 죽음을 근거로 하나님께 어떤 자들을 구원해 주시기를 간구하는 것입니다.

전적으로 부패한 인간을 무조건 다 구원해 주시라는 청원이 아닙니다. 부패한 인간을 심판하시는 것이 우선입니다. **"여호와께서 모든 아첨하는 입술과 자랑하는 혀를 끊으시리니"**(3). **"끊으시리니"**는 원문에서 간접 명령형의 '끊어지게 하소서'라는 뜻으로 '여호와여 당신께서 모든 아첨하는 입술과 자랑하는 혀를 끊어지게 하소서'라는 청원입니다. 전체 인류가 심판의 대상입니다. 언뜻 보면 아첨꾼과 자기 자랑하는 오만한 자들을 처벌하실 것이라는 내용 같지만, 실제로는 전적으로 부패한 인간을 심판해 주시라는 청원입니다. 그렇지 않으면 말 몇 마디 잘못했다고 혀가 끊어지게 해 주시라는 가혹한 요구가 되고 맙니다. 전적으로 부패한 인간은 모두 다 심판받아야 마땅하다는 뜻으로 주신 말씀입니다.

아첨하는 입술과 자랑하는 혀가 가진 특성은 근본적으로 율법을 거부하며 자기를 하나님보다 높이는 것입니다. **"저희가 말하기를 우리의 혀로 이길지라 우리 입술은 우리 것이니 우리를 주관할 자 누구리요 함이로다"(4). 자기들이 행하는 일이 옳으며 그 누구도 방해할 수 없다고 주장한다는 뜻입니다. 자기 위의 권세를 절대 인정하지 않습니다. 자기가 자기의 주인입니다. 심지어 자기들이 어떻게 하든 하나님도 그것에 대해 왈가왈부할 수 없다고 생각합니다. 이는 하나님이 주신 율법에 대한 악인들의 자세를 상징하는 말입니다. 2편에서 율법을 지키지 않는 사람들을 가리켜 하나님께 반역을 일으킨 세상의 군왕들과 관원들로 묘사하였습니다. "어찌하여 열방이 분노하며 민족들이 허사를 경영하는고 세상의 군왕들이 나서며 관원들이 서로 꾀하여 여호와와 그 기름 받은 자를 대적하며 우리가 그 맨 것을 끊고 그 결박을 벗어 버리자 하도다"(시 2:1-3). 하나님이 내신 율법을 자기를 옭아맨 결박쯤으로 여기고 지키지 않는 것은 하나님과 그 기름 받은 자를 대적하여 반역을 일으킨 것과 같다는 의미라 했습니다. 율법을 어겨도 괜찮다고 생각하는 것은 하나님도 자기들을 간섭할 수 없다는 오만함에서 비롯된 결과물입니다. 그들은 메시아를 죽이는 일조차 옳은 일이라고 생각하였습니다. 그들은 하나님의 주권을 거부하고 하나님을 대적하면서 인간을 최고로 여기는 가운데 메시아와 그 백성을 죽이고 박해한 죄인이면서도 결코 두려워하거나 회개할 줄 모르는 오만함으로 일관하고 있습니다. 심판받아야 할 마땅한 이유가 여기에 있습니다. 의와 거룩과 사랑과 진리의 삶을 살라고 명하시는 율법을 거부하는 것은 사람을 최고 권위자의 자리에 두면서 참된 통치자이신 하나님과 메시아는 부정하는 반역이자 죄된 삶을 살겠다는 선언에 지나지 않기 때문입니다. 율법을 무시하는 데서부터 죄가 시작되는 것입니다.

메시아는 여호와 하나님께 이같이 악인들을 심판해 주시라고 간구하고 있습니다. '오만한 본성대로 행하며 끝까지 회개하지 않는 자들은 마땅히 심판받게 해 주십시오'라고 요청하는 것입니다. 메시아의 죽음에 의지하여 회개하지 않은 모든 인류는 심판받게 되어 있습니다. 구원을 베풀어주시라고 청하는 동시에(1절) 인간이 이처럼 부패하였으므로 심판해 주시라고 청원하는 것은, 회개하지 않은 악인들이 받는 심판이 구원의 배경임을 암시합니다. 심판과 구원은 동일 사건의 다른 결과입니다. 심판이 있어야 구원도 의미가 있습니다.

자기가 구하러 온 죄인들에게 잡혀 죽임당하는 메시아가 터가 무너지는 죽음의 고난을 통하여 무엇을 이루고자 하셨는지를 보여주고 있습니다. 신실한 자가 없어 모두가 멸망 당해야 하는 비참한 상황 중에 있는 인간들을 긍휼히 여기셔서 구원을 이루시되, 먼저 끝까지 회개하지 않고 오만한 자리에 고집스럽게 앉아 있는 악인들을 심판해 주시라고 청원하십니다. 악인들에 대한 심판이 구원의 한쪽 단면이며 이에 대한 전권은 하나님 아버지께 있음을 고백하고 하나님이 실행해 주시기를 구하는 것입니다.

*Chapter 2*

## 여호와여 저희를 지키사

여호와의 말씀에 가련한 자의 눌림과 궁핍한 자의 탄식을 인하여 내가 이제 일어나 저를 그 원하는 안전 지대에 두리라 하시도다 여호와의 말씀은 순결함이여 흙 도가니에 일곱번 단련한 은 같도다 여호와여 저희를 지키사 이 세대로부터 영영토록 보존하시리이다 비루함이 인생 중에 높아지는 때에 악인이 처처에 횡행하는도다(시 12:5-8)

11편에서 주변의 만류에도 불구하고 기꺼이 죽음의 길을 가실 것을 밝히신 메시아는 12편에서 여호와께 구원을 요청하였습니다. 죄인들을 위해 자신이 죽임당한 것과 인간 중에 신실한 자들을 전혀 찾을 수 없는 비참한 상황에서, 하나님께서 구원을 베풀어주시라는 의미였습니다. 그러면서 악인들의 전적인 부패성을 언급하며 심판해 주실 것을 구하심으로 심판은 구원의 일부임을 알게 했습니다.

하나님은 메시아의 청원에 직접 응답하셨습니다. **"여호와의 말씀에 가련한 자의 눌림과 궁핍한 자의 탄식을 인하여 내가 이제 일어나 저를 그 원하는 안전지대에 두리라 하시도다"**(5). **"내가 이제 일어나"**는 하나님께서 직접 응답하신다는 사실을 강조하여 묘사합니다. 직접화법으로 표현한 것은 3, 4절에서 악인들을 심판해 주시라는 메시아의 청원을 하나님이 귀 기울여 들으시고 직접 응답하셨음을 강조하는 의미입니다. 가난하고 궁핍한 자들을 친히 구원하겠다는 것입니다. **"내게 구하라 내가 열방을 유업으로 주리니 네 소유가 땅 끝까지 이르리로다"**(시 2:8)라고 하신 말씀의 실현입니다. 죄인들을 구하기 위해 예비된 죽음을 겪으신 메시아가 하나님과 얼마나 긴밀하게 소통하고 있는가를 알게 합니다.

여기에도 눈여겨봐야 할 점이 하나 있습니다. **"가련한 자"**, **"궁핍한 자"** 는 복수형태로 '가난한 자들', '궁핍한 자들'이라는 의미이며 단수형태인 '그'와 대조된다는 점입니다. 그들의 억눌림과 탄식을 긍휼히 여기신 하나님께서 **"저를"**, 곧 경건한 자를 안전지대에 두겠다고 하십니다. 1절에서 **"경건한 자"** 와 '충실한 자들'로 구분했던 것처럼 여기서는 '그'와 '가난하고 궁핍한 자들'로 구분하고 있습니다. 이는 의와 거룩이 없는 악인들을 심판하시되 그들 중 죄를 인정하고 애통해하는 자들을 구원하시겠다는 것이며, 그 구원을 위해서 메시아를 먼저 **"안전지대에"**, 곧 구원의 자리에 두시겠다는 뜻입니다. 다시 말하면 메시아를 죽음에서 다시 살리사 하나님 우편에 앉게 하는 것이 가난한 자들을 구원하는 길이라는 것입니다. 죄로 인해 애통해하는 자들이 심판을 면하고 구원받는 길은 메시아가 부활하여 통치자의 높은 자리에 앉는 일에 달려 있습니다.

**"모든 아첨하는 입술과 자랑하는 혀를"** 끊어지게 해 주시라는 메시아의 심판 청원에(3절) 여호와께서 이렇게 응답하셨습니다. 본문에서 가난한 자들의 눌림과 궁핍한 자들의 탄식을 기억하사 구원하는 것은 악인들을 심판하신다는 뜻입니다.[10] 심판과 구원이 동일 사건의 다른 결과들임을 알게 합니다. 죄인을 심판하신다는 것은 믿는 자를 구원하신다는 이야기요, 가난한 자들을 구원하신다는 것은 회개치 않는 자를 심판하신다는 말입니다. 메시아의 부활과 승천이 그 모든 일을 이루실 것을 예표하고 있습니다.

메시아는 하나님의 응답에 절대적인 신뢰를 보냅니다. **"여호와의 말씀은 순결함이여 흙 도가니에 일곱 번 단련한 은 같도다"**(6). 은을 정련하는 비유를 통해 하나님 말씀의 고결성을 소개하고 있습니다. **"일곱 번"**은 성경에서 완전함을 상징하는 숫자로 단순한 횟수를 가리키지 않고 완전하게 순결해질 때까지 연단했다는 것입니다. 하나님이 내신 말씀은 그 본성상 찌꺼기가 전혀 없는 정련된 은처럼 완전하여서 전적으로 믿을 수 있음을 가리킵니다. 그 말씀은 타협할 수 없는 진리라는 점과 하나님이 한 번 하신 말씀은 성사되지 못하는 법이 없이 그대로 이루어진다는 점에서 일곱 번 제련하여 순결하게 된 은과 같다는 것입니다.

악인의 말은 찌꺼기이거나 찌꺼기가 다량 섞인 금속과 같습니다. 그들의 말은 언뜻언뜻 맞는 말처럼 들려도 본질적으로 순전하지 않습니다. 타락한 본성에서 나오는 여러 거짓과 속임수, 그리고 무지가 섞여 있습니다. 인간 최고의 지성이나 덕을 가진 자들도 마찬가지입니다. 하

---

10  4절에서 메시아가 악인들을 심판해 주시라고 청원하였는데, 5절에서 하나님은 가난한 자들을 위해 그를 안전지대에 두겠다고 하신다. 상호 보완하는 방식으로 두 절이 평행을 이루고 있다. 5절에서 가련한 자와 궁핍한 자들을 이야기하신 것은 4절에서 말씀하신 심판의 다른 면이다. 서로 다른 일이 아니다. 즉 메시아가 죄인들을 심판해 달라고 하는 말씀은 가난한 자들의 구원을 내포하고 있으며, 하나님이 가난한 자들에게 구원을 주신다는 말씀은 악인들의 심판을 함축하고 있는 것이다.

나님의 말씀은 영원불변하는 진리이나 그들의 말은 진리의 일부분이면서 유한할 뿐입니다. 그들의 가르침이 어느 정도는 인류의 윤리와 도덕적인 면에서 바람직한 방향을 제시한다고 해도 하나님 나라의 의의 수준에는 턱없이 모자라며 그래서 결코 온전한 가르침이 될 수 없습니다. 또한 그들은 장래 일에 대해서도 온전히 말할 수 없습니다. 그것을 성취할 능력이 없기 때문입니다. 하지만 하나님의 말씀은 분명하고도 확고한 어조로 역사의 흐름과 그 결말에 관해 이야기하고 있습니다. 작게는 이스라엘의 역사와 관련된 예언으로 시작해서 크게는 인류 역사의 종말에 관해서도 예언했습니다. 그리고 시간이 흐르면서 때가 찬 예언들은 모두 다 그대로 이루어졌습니다. 성취되지 않고 남아 있는 예언은 아직 약속하신 때가 차지 않았기 때문일 뿐입니다. 하나님 말씀은 한 번 선포하신 그대로 시행된다는 점에서도 완전한 것입니다.

메시아는 특히 구원과 심판에 관한 하나님의 말씀도 완전히 성취될 것임을 신뢰합니다. **"여호와여 저희를 지키사 이 세대로부터 영영토록 보존하시리이다"**(7). 이 구절은 '여호와여 주께서(당신께서) 그들을 지키실 것이며 이 세대로부터 영원토록 보존하실 것입니다'라는 뜻입니다.[11] 의가 없어서 애통해하는 가난한 자들, 의를 이루려고 애쓰나 이룰 수 없어서 자신의 궁핍함을 발견하고 탄식하는 자들 모두를 하나님이 지금부터 영원토록, 이 세상에서부터 영원한 하늘 영광까지 지키실 줄

---

11   우리말 성경은 생략하였으나 **"보존하시리이다"**의 원문은 3인칭 단수 목적격 접미어가 있어 '그를 보존하시리이다'라는 뜻이다. 하지만 70인 역은 동사 둘 다 '주께서 우리를 지키실 것이며 우리를 보존하실 것입니다'로 해석하는 문장을 취한다. 어떤 것을 따라야 하는지 까다롭지만 어느 것을 취하든 경건한 자와 가난하고 궁핍한 자들을 모두 지키고 보존하신다는 의미에는 변함이 없다.

로 확신한다는 뜻입니다.

하나님은 말씀하신 대로 이루시는 분입니다. 말씀은, 회개하고 돌아온 죄인들을 이 세상의 압박과 시련에 굴하지 않게 하고 마귀의 유혹과 위협에 넘어가지 않게 끝까지 지키는 하나님의 능력입니다. 하나님은 말씀을 통해 세상을 다스리며 그 백성들을 지키고 보호하실 것입니다. 말씀하신 그대로 주의 백성을 지키실 것입니다. 성경은 언제나 말씀을 하나님과 동등한 권위로 여깁니다. 요한복음은 1장에서 '예수님'을 '말씀'으로 정의한 후(요 1:1,14), 13장에서 15장에 걸쳐 특별한 방식으로 성 삼위일체 하나님과 일치하는 말씀의 권위를 드러냅니다. 성부 하나님과 예수님이 하나이시며(요 13:20), 예수님과 성령님이 하나이시어서(요 14:16) 세 분이 완전한 하나이심을 나타내며, 더 나아가 말씀이 우리 안에 거하는 것과 예수님이 거하시는 것이 같다고 합니다. **"나는 포도나무요 너희는 가지니 저가 내 안에, 내가 저 안에 있으면 이 사람은 과실을 많이 맺나니 나를 떠나서는 너희가 아무것도 할 수 없음이라"**(요 15:5)라고 하신 후에 **"너희가 내 안에 거하고 내 말이 너희 안에 거하면"**(요 15:7)이라고 하신 말씀이 그 점을 가리킵니다. 예수님과 성도가 서로의 안에 있는 것과 말씀이 성도 안에 있는 것이 같은 의미입니다. 우리가 말씀을 믿고 순종하는 것은 예수님을 믿고 사랑하여 순종하는 것과 전혀 다르지 않습니다. 말씀 앞에 겸손히 엎드려 들으려 하는 것은 하나님 앞에 머리 숙이고 직접 듣는 것과 같습니다. 하나님의 말씀은 몸을 입고 이 땅에 오신 예수님이 하늘에 오르신 후에도 예수님을 대신할 통치의 능력이 되시는 것입니다.

그 말씀에 가난하고 궁핍한 자들을 지키고 보존하겠다고 하나님이 직접 전하시는 약속이 담겨 있습니다. 메시아는 이 약속이 반드시 성취될 것을 신뢰하시며 전하고 계십니다. 예수님을 잡아가는 군졸의 귀를 칼로 베면서까지 예수님을 지키려고 했던 베드로를 오히려 책망하시면서 **"너는 내가 내 아버지께 구하여 지금 열두 영 더 되는 천사를 보내시게 할 수 없는 줄로 아느냐 내가 만일 그렇게 하면 이런 일이 있으리라 한 성경이 어떻게 이루어지리요"**(마 26:53,54)라고 말씀하시며 기꺼이 죽음의 길을 가신 것도 하나님이 그 죽음을 통해 죄인들을 구원하실 것과 또 자기를 죽음에서 건지시리라는 이와 같은 약속의 말씀을 절대적으로 확신하였기 때문입니다.

그렇지만 한 가지 더 알아야 할 진실이 있습니다. 악인들이 당장에 심판받지 않는다는 점입니다. 심판과 구원에 대한 하나님의 철저한 시행을 확신하는 메시아는 성도들이 당분간 살아가야 할 환경이 어떤지를 알려주고 있습니다. **"비루함이 인생 중에 높아지는 때에 악인이 처처에 횡행하는도다"**(8). '쓸모없고 비열한 모습이 사람들 마음에 두드러질 때 악인들이 사방에 몰려다닌다'라는 뜻입니다. 그들은 율법을 거부하는 자들입니다. 하나님과 사람을 올바로 이해하거나 대하기보다 무가치하고 비열함이 오히려 높은 가치로 인정받는 시대가 되어 악한 마음으로 사는 사람이 세상에 가득 찰 것입니다. 그 안에서 함께 살아야 하는 가난하고 궁핍한 자들은 조롱과 박해, 위협과 핍박으로 고통이 가중될 것입니다. 아첨하는 입술과 자랑하는 혀로 하나님을 모독하고 반역하는 자들이 주를 믿고 따르는 자들도 함께 미워하기 때문입니다. 악인들은 악행을 멈추지 않을 것입니다. 그들이 악행을 저질러도 제재받기는커녕 오히려 지지받고 잘하는 일이라고 칭찬받는 세상 구조입니다. 죽음에서 일으키신 메시아와 함께 회개한 자들을 구원의 안전지대에 두겠다는 약속은 절대적으로 이루어질 테지만 한동안 세상은 이와 같이 진행되리라는 뜻입니다. 메시아의 확신대로 주님의 말씀은 일곱 번 단련한 은같이 순결하여 구원과 심판에 관한 약속 또한 절대적으로 성취될 것이지만 그렇다고 해서 성도들이 아예 악인들이 존재하지 않는 세상에 살게 된다는 뜻은 아니라는 말입니다. 쓸모없고 비열한 가치를 최고로 여기는 악인들이 활개 치며 다닐 것입니다. 그리고 그들과 함께 살아가야 하는 가난한 자들과 궁핍한 자들의 눌림과 탄식은 계속될 것입니다.

메시아는 하나님께 구원을 간구하였습니다(1절). 동시에 하나님께 반역을 저지른 악인들을 심판해 주시라고 청원하였으며(3,4절), 그 청원은 반드시 그대로 이루어질 것을 확신하였습니다. 하나님은 죄인들 대신 죽임당한 온전히 경건하신 메시아의 기도를 들어줄 수밖에 없기 때문입니다. 악인을 심판하시되 회개하는 자들을 이 땅에서부터 지키고 보호하사 영원한 영광이 빛나는 구원의 자리에 앉히실 것입니다. 그럼에도 이와 같이 악인들이 활개 치며 악행을 계속할 것을 말씀하심은 심판이 한동안 지연되는 것처럼 보이더라도 가난한 자들이 구원의 확신을 잃지 않고 믿음으로 살게 하기 위함입니다. 하나님은 말씀하신 것을 반드시 이루시는 크신 능력의 주인이심을 기억할 때 악인들이 횡행하는 땅에서라도 약속이 성취되는 그날까지 믿음으로 인내하고 소망 중에 살 수 있기 때문입니다. 땅에 임한 하나님 나라는 이와 같은 모습으로 이루어져 갑니다.

말씀 묵상하며 시편찬송 부르기

# 여호와여 도우소서

시편 12 (1)

# 시편 13편

죽음의 심연
그 사망을 잠들지 않게

*Chapter 1*

## 죽음의 심연

> 여호와여 어느 때까지니이까 나를 영영히 잊으시나이까 주의 얼굴을 나에게서 언제까지 숨기시겠나이까 내가 나의 영혼에 경영하고 종일토록 마음에 근심하기를 어느 때까지 하오며 내 원수가 나를 쳐서 자긍하기를 어느 때까지 하리이까(시 13:1-2)

12편은 메시아가 죄인을 구원하기 위해 죽음을 앞둔 상태에서 하나님께 구원을 호소하면서 악인들은 심판받되 회개한 자들은 구원받을 것을 절대적으로 신뢰하고 있음을 보여주었습니다. 비열한 자들이 사방에서 활보하고 다니더라도 하나님의 구원은 절대 실패하지 않을 것을 확신하였습니다.

13편은 극심한 죽음의 고통 중에 있는 자의 호소를 담고 있습니다. **"여호와여 어느 때까지니이까 나를 영영히 잊으시나이까 주의 얼굴을 나에게서 언제까지 숨기시겠나이까 내가 나의 영혼에 경영하고 종일토록 마음에 근심하기를 어느 때까지 하오며 내 원수가 나를 쳐서 자긍하기를 어느 때까지 하리이까"**(1,2). 다윗이 살면서 개인적으로 겪은 심한 곤란이나 생명의 위협이 배경입니다. 그러나 이 시편이 다윗이 당한 어려움만 말하는 것은 아닙니다. 메시아가 당한 죽음의 고통을 예표하며 그 안에서 보인 메시아의 기도와 소망을 나타냅니다.

전후 문맥이 그 점을 알려줍니다. 11편에서 터가 무너지는 일로, 12편에서는 경건한 자가 끊어졌다는 것으로 메시아의 죽음을 암시하는 흐름에 이어, 13편에서는 **"내가 사망의 잠을 잘까 하오며"**(시 13:3)라는 말로 죽음에 머물러 있지 않게 해 주시길 구하고 계심을 보여줍니다. 이후의 시편에서도 메시아의 죽음과 연관된 내용이 이어집니다. 메시아가 당한 죽음의 목적과 결과를 암시하는 14, 15편을 거쳐 16편에서는 **"주의 거룩한 자로 썩지 않게 하실 것임이니이다"**(시 16:10)라는 말씀으로 부활의 소망을 나타냅니다. 이미 죽임당한 사실이 전제되어야 가능한 일입니다. 16편 이전에 죽음의 상태를 경험해야 하는 것입니다. 더 나아가 17편은 부활에 대한 확신을 다룬다고 한다면(시 17:15) 18편은 그 확신이 성취됨을 노래하는 승리의 찬가라고 할 수 있습니다. 이처럼 13편 전후 시편의 흐름은 죽음과 부활을 공통으로 언급하며 주제를 이어간다고 하겠습니다. 곧 13편 처음에 나타나는 슬픈 하소연은 다윗이 당한 극심한 고통을 통해 메시아의 죽음이 어떤 성격인지를 묘사하는 것입니다. 그와 같은 흐름에서 본문을 이해해야 합니다.

**"어느 때까지"**라는 말은 네 번이나 반복되고 있습니다. 고난이 극도에 달해있음을 가리킵니다. 메시아가 당한 죽음의 고통이 얼마나 심각한 것인지를 네 가지로 나눠 말합니다.

첫째는 **"나를 영영히 잊으시나이까"**입니다. 하나님께서 완전히 버리셨다는 뜻입니다. 하나님이 자기를 버리시되 완전히 잊어버리시기까지 하신 것은 그 어떤 고통보다 큰 고통입니다.

두 번째는 **"주의 얼굴을 나에게서 언제까지 숨기시겠나이까"**입니다. 하나님이 얼굴을 숨기셨다는 말은 심판을 가리키는 표현입니다. **"여호와의 손이 짧아 구원치 못하심도 아니요 귀가 둔하여 듣지 못하심**

도 아니라 오직 너희 죄악이 너희와 너희 하나님 사이를 내었고 너희 죄가 그 얼굴을 가리워서 너희를 듣지 않으시게 함이니라"(사 59:1,2)는 말씀과 같습니다. 하나님께서 자기 얼굴을 감추신다는 말은 심판받아 버림받는다는 뜻이며, 얼굴을 비추신다는 말은 구원과 은총을 누린다는 뜻입니다.

세 번째는 **"내가 나의 영혼에 경영하고"**입니다. '경영한다'는 말은 염려 가운데 이 생각 저 생각으로 번민한다는 뜻입니다. **"종일토록 마음에 근심"**한다는 다음 말씀이 덧붙여 설명합니다. 번민과 근심이 쉴 새 없이 마음에 가득하였다는 뜻입니다. 심판으로 고통당하는 메시아의 심정을 이렇게 표현하고 있습니다.

네 번째는 **"내 원수가 나를 쳐서 자긍하기를"**입니다. 본문이 메시아의 죽음을 의미한다는 또 다른 증거입니다. 자기가 당하는 일을 두고 '내 원수가 나를 쳐서 자긍한다'고 합니다. '자긍한다'는 말은 승리 후 높은 자리에 앉는다는 뜻입니다. 전쟁 중 적장을 죽였을 때 갖는 생각입니다. 메시아가 십자가에 못 박혀 죽은 일을 두고 마귀는 자기가 하나님의 계획을 방해하는 일에 성공하였으며 온 세상이 자기 손아귀에 들어왔다고 자부한다는 것입니다. 메시아가 죽임당한 채로 끝난다면 마귀가 그렇게 생각할 만합니다. 하나님 나라의 상속자인 메시아를 상대해 이겼다고 여기는 것입니다. 하나님은 메시아를 그와 같은 죽음의 심연에 두셨습니다. 심판의 죽음 가운데 던지시고 완전히 잊으신 것처럼 외면하시며 번민과 근심으로 방황하게 하심으로 마치 원수가 승리한 것 같은 상황에 빠지게 하셨습니다.

그러나 본문은 메시아가 당한 일이 단지 억울하고 고통스러운 죽음이라는 사실을 알게 하는 데 그치지 않습니다. 이 호소는 메시아가 당하신 죽음이 단순히 육체의 죽음이 아니라 심오한 의미의 죽음임을 암시합니다. 메시아가 당하신 죽음 자체의 심각함, 견디기 어려운 특별한 고통을 함축하고 있습니다.[12] 하나님과의 교통이 끊어지고, 하나님의 얼굴에서 노기를 발견하고, 심판의 고통과 함께 진노의 음성이 자기 머리 위에 떨어지며, 마귀가 이긴 것 같은 그 심판의 죽음이 얼마나 심각한가를 드러내는 것입니다.

십자가를 앞에 두신 예수님의 말씀에서 이와 같은 의미를 확인할 수 있습니다. 십자가에 달리시기 직전 예수님은 제자들 앞에서 이런 말씀을 하십니다. **"지금 내 마음이 민망하니 무슨 말을 하리요 아버지여 나를 구원하여 이 때를 면하게 하여 주옵소서 그러나 내가 이를 위하여 이 때에 왔나이다"**(요 12:27). '민망하다'는 두려움과 공포, 고통과 고민을 의미하는 말입니다. 언뜻 보면 이상하게 느껴집니다. 죽음을 맞이하는 자세가 어떤 특별한 경우의 사람보다 의연하지 못한 것으로 보이기 때문입니다. 하나님이신 그리스도께서 죽음을 겁내고 있다는 것은 실망스러운 모습입니다. 예수님은 단순한 사람이 아니라 하나님의 아들이시고 그리스도이십니다. 갈릴리 물결도 잔잔케 하시고 제자들의 믿음 없음을 꾸짖은 분이시며 예수님을 죽이려고 날뛰는 군중들 틈을 유유히 걸어 나간 분이기도 하십니다. 또한 제자들에게 **"너희는 마음에 근심하지 말라 하나님을 믿으니 또 나를 믿으라"**(요 14:1)고 가르치신 분입니다. 그런데 어떻게 예수님이 마음에 고민하실 수 있습니까? 우리를 향하여 '마음에 근심하지 말라'고 말씀하신 분이 스스로 '내 마음이 심히 민망하다'고 말씀하실 수 있습니까? 앞뒤가 맞지 않는 것 같습니다.

하지만 절대 그렇지 않습니다. 그리스도께서 고민하는 것이 무엇인

---

12  신혁, 시편강해 1, 98p, 127p 참고

지를 깨닫게 되면 그렇게 생각할 수 없습니다. 이 점을 명백히 하기 위해서 대조되는 사례를 살펴볼 필요가 있습니다. 한 예는 사람들에게 잘 알려진 소크라테스의 죽음이 있습니다. 그는 헬라의 젊은 사람들에게 무신론을 가르쳤다는 죄목으로 공회에서 사형판결을 받아 사약을 받고 죽어야 했습니다. 제자들은 그에게 도망갈 것을 권했지만 '악법도 법이다'라는 말을 남기고 죽음을 맞이했습니다. 더구나 그는 사형 집행을 앞두고 거기 모인 제자들에게 영혼의 불멸성에 대해서 강론하고, 누구라도 죽음을 두려워하지 않아야 한다는 것을 제자들에게 평화로운 자세로 가르쳤다고 알려졌습니다. 몸과 영혼이 각각 다른 세계에 속해 있다고 하면서, 몸이 무너져도 그것이 영혼에 영향을 미칠 수 없으며 영혼은 자유롭게 된다고 가르쳤습니다. 자기가 주장하는 원리를 외치기만 하지 않고 그것을 몸소 실천했습니다. 결국 독약을 마시고 죽으면서도 평화롭게 죽었습니다. 믿음 없는 사람 중에 이 외에도 죽음을 의연히 받아들인 경우는 수없이 많습니다.

또 한 예가 있습니다. 사도 요한의 제자 폴리캅입니다. 복음을 전한다는 이유로 그가 화형에 처하게 되었을 때, 심문관이 다가와 '예수가 주님이 아니다'라는 말 한마디만 하면 풀어주겠다고 회유했습니다. 폴리캅은 그 유혹에 이렇게 대답했습니다. '지금까지 83년 동안 주님께서는 나를 한 번도 배반하신 적이 없으셨소, 그런데 내 어찌 주님을 배반하겠소'. 그러자 심문관은 미친 영감이라며 화형대에 묶으라고 부하들에게 명령했습니다. 부하들이 그를 묶으려고 그에게 다가가자 폴리캅은 또 이렇게 말했습니다. '나를 그대로 놔두시오, 주님께서 이 불 가운데서 견딜 힘을 내게 주실 것이오.' 그는 묶이지 않은 채로 찬송하면서 화형대에서 순교했습니다.

이 두 사람의 경우를 보면, 죽음에 대한 공포가 전혀 보이지 않으며 심지어 감동스럽기까지 합니다. 그런데 우리 주님은 십자가를 질 시간이 가까워져 올 때 고민하시고 민망해하시며, 아버지께 **"만일 할 만하시거든 이 잔을 내게서 지나가게 하옵소서"**(마 26:39)라고 기도하셨다는 사실을 봅니다. 이는 예수님이 이교도인 소크라테스나 믿음이 있었음에도 한낱 인간에 불과한 폴리캅보다, 또 지금까지 교회사에 나타난 수많은 순교자보다 죽음에 대해 더 무서워하는 나약한 인간이어서가 아닙니다. 절대로 그럴 수 없습니다. 예수님은 하나님이십니다. 사람처럼 나약한 분이 아니십니다. 진정 죽음을 초월하고 가볍게 넘길 만한 유일한 분이 바로 예수님입니다. 그런데도 예수님이 이렇게 죽음을 두려워하며 피할 수 있는 길이 있는지를 호소하신 것은 그가 당한 죽음이 육체적인 죽음이 아니었음을 알려줍니다.

예수님이 당한 죽음은 성격이 전혀 다른 죽음입니다. 본질적인 죽음입니다. 죄인을 심판하시는 하나님의 진노를 한 몸에 받는 영적인 죽음입니다. 육체뿐만 아니라 영혼이 하나님의 불같은 진노를 받고 하나님으로부터 끊어짐을 받는 것입니다(시 12:1). 예수님에게 하나님의 진노가 쏟아지는 것입니다. 우리의 죄가 그에게 전가되었기 때문입니다. 하나님은 우리 죄를 대신 짊어지신 예수님이 당신의 아들이라도 아끼지 않으시고 그에게 진노를 쏟아부으시고 자신에게서 끊어버리십니다. 우리 죄를 뒤집어쓰신 예수님이 바로 그 심판을 당하신 것입니다. 아버지와 교제가 끊어진 죄인들이 가야 할 지옥에 떨어져야 하는 죽음입니다. 영원 전부터 성부 하나님과 단 한 순간도 교제를 끊어본 적이 없으셨던 분, 그리고 한 번도 죄를 범하지 아니하셨던 분이 우리 죄를 대신하여 '하나님의 진노와 끊어짐'이라는 영적 죽음을 당해야 한다는 사실이 주님을 고민하게 했던 것입니다. '민망하다'는 주님의 호소는 주님께서 지금 당하는 죽음은 사람들이 육체적으로 죽는 죽음과 질적으로 다른 영적 죽음임을 알게 하는 말씀입니다. 예수님이 당하실 죽음이 일반적인 사람들의 죽음과 같지 않다는 것입니다. 신자들은 이 죽음을 경험하거나 이해할 수 없습니다. 신자들은 믿음을 통하여 육체가 죽어도 이 죽음을 맛보지 않고 하늘로 옮겨지기 때문입니다. 이에 비하여 소크라테스는 하나님의 진노를 받는지 안 받는지 모르는 채 그저 신념 안에서 육체의 죽음만이 전부인 줄 알았고, 폴리캅은 도리어 하나님의 은혜를 받고 그 나라에 들어간다는 믿음 안에서 육체의 죽음을 겪었습니다. 그런 이유로 그들은 죽음을 의연하게 맞이할 수 있었던 것입니다. 메시아가 당하신 죽음과 전혀 다른 성격의 죽음이기 때문입니다.

본문은 메시아가 이같이 특별한 죽음의 심연을 경험하실 것을 나타내고 있습니다. 하나님의 대리통치자로 오시는 메시아가 땅에서 먼저 하실 일은 누구도 이해하지 못할 본질적인 죽음, 하나님의 심판과 진노를 맛보는 특별한 죽음을 겪으리라는 것입니다.

## Chapter 2

# 그 사망을 잠들지 않게

> 여호와 내 하나님이여 나를 생각하사 응답하시고 나의 눈을 밝히소서 두렵건대 내가 사망의 잠을 잘까 하오며 두렵건대 나의 원수가 이르기를 내가 저를 이기었다 할까 하오며 내가 요동될 때에 나의 대적들이 기뻐할까 하나이다 나는 오직 주의 인자하심을 의뢰하였사오니 내 마음은 주의 구원을 기뻐하리이다 내가 여호와를 찬송하리니 이는 나를 후대하심이로다(시 13:3-6)

1, 2절은 메시아가 회개하는 자들의 죄를 대신 짊어지고 당할 죽음의 성격이 어떠한지를 알려주었습니다. 사람들이 겪는 육체적 죽음 차원을 넘어 하나님의 진노를 한 몸에 받는 특별한 죽음임을 알게 하였습니다. 회개하지 않은 악인들이 최후에 받는 심판의 죽음이요 믿는 자는 절대 경험하지 못할 특별한 죽음이었습니다. 본문은 그와 같은 죽음 가운데서 메시아가 보인 모습을 알려줍니다.

3, 4절은 메시아가 그때 하나님께 무엇을 기대하며 간구하였는지를 알게 하는 말씀입니다. **"여호와 내 하나님이여 나를 생각하사 응답하시고 나의 눈을 밝히소서"**(3). 하나님을 **"여호와 내 하나님이여"**라고 부릅니다. 여전히 하나님을 자신의 하나님으로 여기고 있습니다. 1, 2절에서 확인한 대로 회개하는 자들을 대신해 자기에게 특별한 죽음의 고

난을 겪게 하시는 하나님 아버지를 죽음의 고통 한가운데서도 **"여호와 내 하나님이여"**라고 부르고 있습니다. '하나님께서 나를 죄인들을 위하여 대신 죽게 하셨으나 하나님은 여전히 내 아버지이십니다'라는 의미가 담겨 있습니다. 자기에게 심판을 가하시는 하나님 아버지와의 관계를 조금도 의심하지 않았으며 아버지에 대한 신뢰를 조금도 잃지 않았음을 보여줍니다. 과연 메시아다운 모습입니다. 그 관계를 앞세워 메시아는 하나님 아버지께 세 가지 내용으로 간구합니다. '생각하소서', '응답하소서', **"눈을 밝히소서"**로 요약됩니다. '생각하소서'는 '본다'는 의미에서 파생된 단어로 하나님께서 얼굴을 돌려 자기를 유심히 살펴보시기를 구하는 것입니다. '응답하소서'는 자기의 기도를 들어주시라는 뜻입니다. 죽음을 앞두고 구했던 기도와 간구를 들어주시라는 것입니다. **"나의 눈을 밝히소서"**는 살아나게 해 주시라는 뜻입니다. 성경은 생명력이 꺼져갈 때 '그의 눈이 어두워진다'고 하며, 반대로 그가 새 힘을 얻어 생명력을 얻게 될 때 '그 눈이 밝아진다'고 말합니다(삼상 14:27,29; 스 9:8). 구원 얻는 것을 그리스도께서 빛을 비춰주시기 때문에 '죽은 자들 가운데서 일어난다'라고도 표현합니다(엡 5:14). 하나님이 모든 관심을 자기에게 두시어 자기를 죽음에서 구해 주시기를 구하는 것입니다.

이와 같은 의미를 후반부에서 분명히 합니다. **"두렵건대 내가 사망의 잠을 잘까 하오며"**(3). 죽음 앞에서 메시아의 요구가 근본적으로 무엇이었는지를 밝히고 있습니다. 3절과 4절에서 **"두렵건대"**라는 말로 각각 그 이유를 밝힙니다. 원문대로 번역하면 '내가 그 사망을 잠들지 않도록'이라는 뜻이 됩니다. 우리말 성경은 **"잠"**을 명사형처럼 번역하여 '사망이라는 잠을 잘까 두렵다'는 뜻으로 이해하기 쉽습니다. 사망과 잠이 동격인 것처럼 보입니다. 성경에서 흔히 사망을 잠자는 것으로 표현하는 사상과 일치합니다. 하지만 여기서는 다른 의미를 가집니다. 원문에서는 **"사망"**이 정관사가 있는 명사형으로 '그 사망'이라는 뜻이고 **"잠"**은 '잠잔다'라는 동사형입니다. '그 사망'은 앞에서 언급한 죽음을 가리키며 '그 사망을 자고 있지 않도록'이라는 의미가 됩니다. 즉 1, 2절에서 말한 '그 죽음'에 계속 머물러 있지 않게 해 주시라는 요청입니다. '완전히 잊는다, 주의 얼굴을 숨기다, 원수가 높은 자리에 앉는다'(1,2절)는 말들은 메시아가 심판에 의한 본질적인 죽음의 고통 당함을 묘사하는 것이라 했습니다. 그 심판의 죽음에서 자기를 구해 주시기를 청원하는 말이 '나를 돌아보시고, 내게 응답하시고, 내 눈을 밝히소서'입니다. 사망에 머물러 있게 마옵시고 부활의 생명을 허락해 주시기를 구하는 것입니다. 단순히 육체의 죽음을 두려워한 것이 아닙니다. 이미 죽음의 상태에 있으나 거기서 계속 머물러 있지 않기를 구하는 것입니다. 즉 회개하는 죄인들을 위한 속죄 제물이 되어 죽음을 당했으나 그 심판의 죽음에서 헤어나지 못하는 결과가 일어나지 않도록 부활 생명을 하나님께 간청하는 것입니다.

하나님께서 자기를 죽음에서 건져주셔야 하는 이유에 대해서 이렇게 말씀합니다. **"두렵건대 나의 원수가 이르기를 내가 저를 이기었다 할까 하오며 내가 요동될 때에 나의 대적들이 기뻐할까 하나이다"**(4). '나의 원수가 나를 이겼다고 말하지 않도록, 내가 흔들릴 때 내 대적들이 기뻐하지 않도록' 나를 살려주시라는 뜻입니다. 메시아의 부활은 하나님의 승리를 의미합니다. 메시아 자신이 죽음에서 살아나는 것이 원수와 대적들, 곧 마귀와 그 세력들을 이기는 일이라는 뜻입니다. **"원수"**는 단수이고 **"대적들"**은 복수입니다. 하나의 세력을 이룬 조직을 말하고 있습니다. 이들은 2편에서 **"여호와와 그 기름받은 자"**를 대적하던 그 무리 중 끝까지 회개하지 않고 악인으로 남아 그리스도의 대적이 된 세력을 가리킵니다. 그들은 하나님을 대적하며 메시아를 원수로 여깁니다.

　메시아가 계속 '그 죽음'에서 벗어나지 못하면 그들이 이긴 것이 됩니다. 하나님의 대리통치자이신 분이 죽음의 권세에 포로로 사로잡혔다는 의미이기 때문입니다. 자기가 죽은 상태에 있으면서 다른 사람을 살려낼 수는 없습니다. 회개하지 않는 자를 심판하고 심령이 가난한 자들을 구원하시겠다는 하나님의 뜻이 성취되지 않으면 하나님의 패배가 됩니다. 빼앗긴 자기 백성과 군병들을 되찾아 오지 못하는 패전국 대장에 지나지 않기 때문입니다. 따라서 하나님 나라의 승리를 위해 **"여호와와 그 기름받은 자"**가 이기는 전쟁을 위해 자신을 살려주시라는 말입니다. 메시아의 부활이 하나님의 승리입니다. 하나님의 영예가 메시아의 부활과 동일시됩니다. 죄로 말미암아 영원한 지옥 형벌을 받아야 할 자들 가운데서 자기 백성을 구하실 것이기 때문입니다. 하나님의 이김은 메시아의 부활에서 결정적으로 이루어집니다. 메시아는 그 점을 알고 하나님 나라의 승리를 위하여, 하나님의 영예와 그 나라의 통치자 된 자신의 영광, 또 그 나라에 속한 모든 백성이 누릴 승리의 영광을 위하여 자신의 부활을 이루어 주시길 기도하는 것입니다. 하나님의 하나님 되심이 만천하에 드러나고 그가 세우신 왕국이 온전한 성취를 보기 위해서는 메시아 자신의 부활이 필수적인 조건이기 때문입니다.

　메시아는 하나님의 응답을 굳게 확신하였습니다. **"나는 오직 주의 인자하심을 의뢰하였사오니 내 마음은 주의 구원을 기뻐하리이다"**(5). '나는 오직 주의 인자하심을 신뢰하였나이다 내 마음이 주의 구원을 기뻐하게 하소서'라는 뜻입니다. 메시아가 심판으로 인한 죽음의 고통 한가운데서 하나님께 기도드린 후 가진 확신을 나타내고 있습니다. **"인자하심"**은 하나님이 내시는 모든 선한 성품의 근원되는 속성을 가리킵니다(시 5:7 참조). 사랑과 자비와 호의 그리고 은혜와 능력과 긍휼 등 모든 선한 성품이 인자에서 비롯됩니다. 대상자의 조건을 찾지 않고 오직 하나님의 자원하는 마음에서 그 모든 성품을 내시는 것입니다. 메시아는 하나님의 그와 같은 인자를 절대적으로 신뢰하는 가운데 '내 마음이 주의 구원을 기뻐하게 하소서'라고 구합니다.[13] 여호와 하나님께서 깊고 풍성하신 인자로 함께 하실 것을 확신하는 가운데 기뻐하게 해 주시라고 기도하고 있습니다. 하나님의 인자하심으로 말미암아 죽음의 고통 한가운데서 드리는 기도를 절대 외면하지 않으실 것을 확신하는 가운데 궁극적으로 기뻐할 수 있게 해 주시길 구하는 것입니다.

더 나아가 얼마나 큰 소망을 품고 있었는지를 보여줍니다. **"내가 여호와를 찬송하리니 이는 나를 후대하심이로다"**(6). **"여호와를 찬송"** 하겠다는 의지를 표명합니다. **"찬송하리니"**는 의지를 표명하는 용법의 단어입니다. 메시아가 죽음 가운데서 드리는 기도를 이같이 찬송하겠다는 의지로 마무리하는 것은 그의 기도가 응답될 것을 확신하였음을 보여줍니다. 하나님이 인자하심으로 자기를 후대하사 자기가 기도한 대로 죽음의 고통에서 벗어나 부활함으로 하나님의 승리가 확정될 것을 내다보시고 그 일을 가능케 하신 하나님의 이름을 찬송할 것이라는 말입니다. 승리의 영광이 오직 여호와 하나님께 있음을 알고 그 이름에 찬송과 감사를 돌리는 것입니다.

메시아는 죽음의 심연 한 가운데서도 이와 같이 행하셨음을 보여줍니다. 자신에게 사람들의 죗값을 물어 심판의 죽음을 겪게 하신 하나님의 인자를 절대적으로 의지하여 부활과 승리의 영광을 간구하는 중

---

13  **"기뻐하리이다"**는 간접명령형(jussive) 형태로 '기뻐하게 하소서'라는 의미이다. 하나님께서 들어주실 것을 확신하는 가운데 기도한다. **찬송하리니**(6절)가 단순 미래형이 아니라 화자(話者)의 의지를 나타내는 용법(cohorative)이라는 점이 그 사실을 나타낸다.

에 하나님의 풍성한 인자로 응답해 주실 것을 확신하신 것입니다. 하나님이 언약하신 당신의 나라를 세우기 위해 메시아는 이렇게 행하셨습니다. 죄인이 구원 얻어 하나님이 언약하신 나라의 백성이 되는 것은 오직 메시아의 죽음과 간구, 그리고 그 기도 대로 부활을 이루어 주신 하나님의 은혜와 능력 때문입니다.

말씀 묵상하며 시편찬송 부르기

# 시편 14편

무지한 자를 위해
하나님이 의인의 세대에

Chapter 1

# 무지한 자를 위해

어리석은 자는 그 마음에 이르기를 하나님이 없다 하도다 저희는 부패하고 소행이 가증하여 선을 행하는 자가 없도다 여호와께서 하늘에서 인생을 굽어 살피사 지각이 있어 하나님을 찾는 자가 있는가 보려 하신즉 다 치우쳤으며 함께 더러운 자가 되고 선을 행하는 자가 없으니 하나도 없도다(시 14:1-3)

본문의 의미는 로마서 3장에서 확인됩니다. 사도 바울이 로마서 1장 18절 이후에서 논증해 온 인류의 부패성이 단순히 자신의 주장이 아니라 성경에서 이미 선포한 사실임을 밝히기 위해 본문을 인용합니다. **"기록한 바 의인은 없나니 하나도 없으며 깨닫는 자도 없고 하나님을 찾는 자도 없고 다 치우쳐 한가지로 무익하게 되고 선을 행하는 자는 없나니 하나도 없도다"**(롬 3:10-12). 사도는 인간이 유대인이나 이방인이나 누구도 예외 없이 전적으로 타락했음을 밝히는 증거 구절로 본문을 이해하고 있는 것입니다.

이와 같은 이해를 바탕으로 본문을 살피자면, **"어리석은 자는 그 마음에 이르기를 하나님이 없다 하도다"**[1]라는 말씀은 거룩하신 하나님을 고의로 자기 마음에 두지 않으려 하는 불신앙이 가장 어리석은 일이라는 뜻으로 사람의 이성적 영역이 타락했음을 주장한(롬 1:18-22) 근거 구절이 됩니다.

또 **"부패하고 소행이 가증하며 선을 행하는 자가 없도다"**(1)라는 말씀은 이성적 영역의 타락이 초래한 정서적 영역과(롬 1:23-27) 의지적 영역의(롬 1:28-32) 타락을 주장하는 근거 구절이 됩니다. 좋아해야 할 것을 미워하고, 혐오하고 미워해야 할 것을 좋아하는 부패한 정서가 되어 하나님이 흡족해하시는 선을 행하지 않게 되는 것입니다. 이런 의미로 인해 사도 바울은 본문을 사람이 전적으로 타락했다는 뜻으로 이해했습니다. 얼핏 보면 신자와 불신자가 있는 세상에서 불신자들의 소행만 언급한 것 같으나 로마서는 본문이 인간의 본질 자체가 부패하고 타락하였음을 증거한 구절이라고 말하는 것입니다. 그런 자들을 **"어리석은 자"**라고 부르는 것은 이 구절이 지칭하는 대상이 단순히 신자들을 제외한 악의 무리가 아니라 모든 인간이 다 함께 타락하여 구원 얻지 못할 어리석은 자가 되었다는 뜻으로 이해해야 함을 알려줍니다.

인간을 그렇게 보는 것은 사람들의 관찰이나 사도 바울이 연구한 결과가 아니라 하나님이 보시는 관점입니다. **"여호와께서 하늘에서 인생을 굽어 살피사 지각이 있어 하나님을 찾는 자가 있는가 보려 하신즉"**(2)이라는 말씀은 하나님께서 인생들, 곧 아담 후손 중에 전적 부패와 타락에 떨어지지 않고 지혜가 있어 하나님을 인식하고 찾는 자가 있는지 살피셨다는 뜻입니다. 인간을 창조하신 하나님이 인간의 마음 깊은 곳까지 살피시고 내린 결과입니다.

그 결과를 이렇게 말합니다. **"다 치우쳤으며 함께 더러운 자가 되고 선을 행하는 자가 없으니 하나도 없도다"**(3). 하나님의 눈으로 보시기에 이 세상 모든 사람은 처음 창조될 때의 선하고 거룩한 모습에서 빗나가 함께 더러운 자가 되었다, 즉 전체가 타락했다는 것입니다. 선을 행하는 자가 하나도 없다는 말씀은 어떤 인간도 전적 타락이라는 범주에서 벗어나지 못했다는 뜻입니다. 인간의 본질이 타락하지 않은 부분이 없으며 그렇게 부패하지 않은 자가 한 명도 없다는 사실을 이렇게 밝힙니다. 인간이 처한 기본적인 상태이며 여기서 벗어나는 자는 아무도 없다는 선언입니다. 하나님이 인간을 살펴보신 결론입니다.

사도 바울은 이 말씀을 인용함으로 자신이 설명한 인간의 전적 타락이 자기만의 생각이 아니라 구약성경의 지지를 받은 선언이자 하나님이 인간을 판단하시는 관점임을 알렸습니다. 예나 지금이나 하나님이 사람을 평가하시는 것에는 변함이 없으며 그런 이유로 해서 사람은 철저히 죽은 자요, 하늘에서 임하는 하나님의 진노에서 벗어날 자가 아무도 없다는 점을 말하고자 한 것입니다.

여기서 우리가 한 가지 더 생각해야 할 점이 있습니다. 인간의 전적 타락을 드러내는 이 말씀이 메시아의 죽음과 그 안에서 드리는 간구에 (시편 13편) 이어 여기서 언급된 이유가 무엇인가 하는 것입니다. 그것은 메시아가 어떤 자들을 위해 죽으셨는지를 밝히기 위함입니다. 메시아가 대신 죽임을 당하며 구원을 간청한 자들은 하나님을 알지도 못하며 찾지도 않던 자들이었습니다. 다 치우쳐 하나 같이 더러운 자가 되었고 선을 행하지 않았습니다. 하나님 나라의 영광을 알거나 그 나라에 들어가길 사모하지도 않았습니다. 하나님이 보시기에 전적으로 타락한 자들이었습니다. 메시아의 죽음과 기도는 그와 같이 전적으로 타락한 인간을 위해 이루어진다는 것입니다. 영적으로 죽어 있어 아무것도 모르는 자들, 죄악 가운데 빠져 있으면서도 자기가 얼마나 비참한 존재인지, 얼마나 더럽고 가증한 자인지 알지도 못하며 구원의 필요성도 알지 못하는 자들을 위해서 메시아는 기꺼이 죽음의 고난을 먼저 당하며 그 죽음의 제물을 근거로 회개하는 자들에게는 구원을, 회개하지 않는 자들에게는 심판을 내려주시라고 하나님께 청원한다는 것입니다. 시편 문맥을 따라 본문의 의미를 생각할 때 이와 같은 결론에 도달하게 됩니다. 9편부터 메시아의 죽음과 관계된 주제가 계속되다가 16편에서 **"내 영혼을 음부에 버리지 아니하시며 주의 거룩한 자로 썩지 않게 하실 것임이니이다"**(시 16:10)라고 함으로 부활을 확신하는 메시아를 묘사하는 맥락이 그와 같은 이해를 돕습니다. 유대인이나 이방인이나 가릴 것 없이 모두 다 자기가 죄인인 줄 알지도 못하고, 하나님 앞에 죽어 마땅한 비참한 상태임을 깨닫지 못하여 하나님을 찾지도 않고 있을 때 메시아가 먼저 고난의 죽음을 당하며 회개하는 자들에게 은혜를 베풀어 구원하신다는 것입니다.

그러나 아무 값없이 오직 믿음으로 구원 얻을 수 있는 길이 있음에도 불구하고 이 사실을 인정하지 않으며 악행을 계속하는 한 부류가 있습니다. 그들에 대해 이렇게 말합니다. **"죄악을 행하는 자는 다 무지하뇨 저희가 떡 먹듯이 내 백성을 먹으면서 여호와를 부르지 아니하는도다"**(4). 이 말씀을 하시는 분도 궁극적으로 메시아입니다. 왜냐하면 신자들을 향하여 **"내 백성"**이라고 말하는 동시에 **"여호와를 부르지 아니하는도다"**라고 할 수 있는 분, 즉 백성과 여호와 하나님 사이에 계신 분은 메시아밖에 없기 때문입니다. 메시아는 여호와를 부르지 않으며 죄악을 고집하는 자들을 무지한 자라 칭합니다. **"무지하뇨"**라는 의문문은 이토록 큰 은혜의 구원을 외면한 채 회개하지 않고 악행을 계속하는 것처럼 무지한 일은 없다는 뜻을 강조하는 문학적 장치입니다. 하나님이 어떤 사실을 몰라서 물어보시는 법이 없기 때문입니다. 사람이 전적으로 타락하여 죄인이 되었어도 그들이 알지도 못하는 때에 그들을 위해 메시아가 먼저 죽으심으로 심판을 면할 길을 마련해 주었는데도 불구하고 회개하지 않음으로 그 놀라운 구원을 받지 못하는 것처럼 어리석은 일은 없다는 의미입니다. 하나님이 없다고 말하며 선을 행하지 않는 자를 가리켜 **"어리석은 자"**라고 선언한 것이 이 때문입니다.

이들은 그처럼 복된 하나님의 구원 방식에 무지하여 하나님을 찾지 않습니다. **"여호와를 부르지 아니하는도다"**는 회개하지 않는다는 뜻입니다. '여호와를 부르는' 행위는 돌이켜 그 발아래 엎드려 선처를 구하는 모습을 가리킵니다. 주님께 자기 죄를 인정하고 자비와 긍휼을 베풀어 주시기를 구하는 것입니다(시 79:6, 습 3:9,12 참조). 하나님은 메시아의 죽음을 제물로 삼아 여호와를 부르는 자들, 곧 자기 심령의 가난함을 알고 회개하는 자들을 용서해 주시는 분입니다. 예수님께서 십자가에 달려 **"아버지여 저희를 사하여 주옵소서 자기의 하는 것을 알지 못함이니이다"**(눅 23:34)라고 하신 기도는 하나님의 자비와 긍휼의 크기와 깊이가 얼마나 놀라운지를 돌아보게 합니다. 설령 예수님을 십자가에 못 박아 죽이는 무서운 죄를 저질렀다고 해도 회개하기만 하면 하나님께 용서받을 수 있습니다. 하나님의 자비와 긍휼은 그만큼 놀랍고 풍성하십니다. 예수님이 자기 죽음을 제물로 하나님께 청원하신 내용이 거기까지 미치기 때문입니다. 예수님은 하나님 아버지께 자기를 죽인 자들도 회개하면 용서해 주시기를 구하고 계십니다. 하나님은 흠 없는 제물 되어 십자가에 못 박혀 죽으신 메시아의 청원이라면 들어주실 수밖에 없는 분이십니다. 따라서 하나님은 설령 자신의 독생자를 죽인 자들이라도 참된 뉘우침으로 용서를 구하면 그를 용서해 주시고 자기 백성으로, 자기 자녀로 받아들이실 준비가 되어 있으십니다. 예수님이 하나님의 진노를 한 몸에 받아 죽음의 심연에 빠진 상황에서도 자기를 죽인 자들을 위해서 기도하셨기 때문입니다. 그 정도로 예수님은 악인들이 회개하고 돌아오기를 바라는 마음이 간절했던 것입니다.

이처럼 메시아의 희생과 하나님의 긍휼로 구원받을 수 있는 놀라운 길이 있음에도 불구하고 악인들은 **"떡 먹듯이 내 백성을 먹으면서"**, 즉 하나님 백성을 핍박하는 일을 예사로 여기면서 여호와의 이름을 부르지도 않는다고 합니다. 값없이 주시는 구원을 무시하고 회개하지 않으며 악행을 지속한다는 것입니다. 그것이 얼마나 무지하고 어리석은 일인지를 탄식하며 전하고 있습니다.

1-3절에서 모든 사람이 전적으로 타락하여 하나님의 진노 대상임을 밝혔던 메시아는 본 절에서는 인류를 핍박하는 무리와 하나님 백성으로 구분합니다. 이는 인간이 똑같이 멸망 당할 죄인이었으나 한 가지 이유로 두 부류로 나뉘었음을 전제로 합니다. 곧 메시아의 죽음과, 여호와를 찾아 부르는 자들에게 값없이 구원을 베풀어 주시라는 그의 간구가 모두 죄인인 자기 자신을 위함임을 믿는가 아니 믿는가 하는 이유입니다. **"죄악을 행하는 자"**는 그와 같은 믿음을 거부하고 악행을 계속하는 자들이요, **"내 백성"**은 똑같은 죄인이었으나 자기가 죄인임을 인정하고 메시아의 간구대로 여호와께 부르짖어 회개하여 자비와 긍휼을 입고 구원 얻은 자들입니다. 똑같은 죄인의 자리에서 값없이 주시는 하나님의 큰 은혜를 받느냐 아니 받느냐로 주의 백성과 멸망 받을 악인으로 나눠지는 것입니다. 구원 얻어 하나님의 백성이 되는 길은 은혜 중의 은혜가 아닐 수 없습니다. 하지만 악인들은 설령 예수님을 죽이는 무섭고 큰 죄를 지었더라도 용서받을 수 있는 놀라운 은혜를 받기를 거부하고 악행을 지속하여 두려운 심판의 대상이 되길 자처하였습니다. 이것이 회개하지 않고 악행을 고집하는 것이 무지하며 어리석기에 그지 없다고 탄식하며 선언하는 첫 번째 이유입니다. 자기 죄를 인정하고 주님께 의뢰하기만 하면 하나님의 아들을 죽이는 무서운 죄일지라도 다 용서받고 구원 얻어 영원한 안식을 누릴 놀라운 은혜가 허락되었는데도 그것을 걷어차 버리는 격이기 때문입니다.

*Chapter 2*

## 하나님이 의인의 세대에

> 저희가 거기서 두려워하고 두려워하였으니 하나님이 의인의 세대에 계심이로다 너희가 가난한 자의 경영을 부끄럽게 하나 오직 여호와는 그 피난처가 되시도다 이스라엘의 구원이 시온에서 나오기를 원하도다 여호와께서 그 백성의 포로된 것을 돌이키실 때에 야곱이 즐거워하고 이스라엘이 기뻐하리로다(시 14:5-7)

인간은 전적으로 타락했습니다. 악행을 지속하는 자들은 무지하며 어리석습니다. 메시아의 죽음과 간구는 전적으로 타락하여 멸망 당할 인간 중에서 여호와를 부르는 자들을 구원 얻게 하기 위함임에도 불구하고 회개하지 않고 악행을 고집하는 것은 값없이 주시는 하나님의 무한한 은혜를 걷어차는 것과 같기 때문입니다.

그들이 어리석고 무지하다는 평가를 받는 이유는 또 있습니다. 첫번째 이유의 연장선에 있는 것으로 그들이 맞이할 장래와 관련 있습니다. **"저희가 거기서 두려워하고 두려워하였으니 하나님이 의인의 세대에 계심이로다"**(5). 하나님의 나라에 들어가지 못하고 심판의 자리에 떨어질 것이기 때문입니다. **"거기서"**는 특정 장소가 아니라 회개하지 않는 자들이 놓인 위치를 말합니다. 죄를 짓고도 하나님을 찾지도, 부르지도 않는 자들이 처한 자리입니다. 구체적으로 말하면 뒤에 오는 "**의인의 세대**"와 반대되는 곳이며 하나님이 함께 계시지 않는 죽음의 나라를 가리킵니다. 시편 1편에서 "**악인이 심판을 견디지 못하며 죄인이 의인의 회중에 들지 못하리로다**"(시 1:5)라는 말씀이 배경입니다. 악인은 하나님이 의와 공평으로 다스리시는 영광의 나라에 들어가지 못합니다. 대신 심판받을 것입니다. 회개하기만 하면 하나님의 아들을 죽이는 큰 죄라도 용서받고 구원 얻어 "**의인의 세대에**" 들어가 주와 함께 거할 수 있으나 이제 그들에게는 슬피 울며 이를 갈게 되는 두려운 심판만이 주어질 뿐입니다. 하나님의 심판 앞에 선 죄인들은 마치 사형대 위에 올라 죽기만을 기다리는 사형수와 같을 뿐입니다. "**시온의 죄인들이 두려워하며 경건치 아니한 자들이 떨며 이르기를 우리 중에 누가 삼키는 불과 함께 거하겠으며 우리 중에 누가 영영히 타는 것과 함께 거하리요 하도다**"(사 33:14). 하나님이 함께 계시는 의인의 회중은 영광과 안식을 누리게 되나 회개하지 않고 악행을 고집한 죄인들은 삼키는 불같이 견딜 수 없는 하나님의 심판을 받게 될 것입니다. 계시록에서는 심판이 임할 때 일어날 일을 이렇게 밝힙니다. "**볼찌어다 구름을 타고 오시리라 각인의 눈이 그를 보겠고 그를 찌른 자들도 볼터이요 땅에 있는 모든 족속이 그를 인하여 애곡하리니 그러하리라 아멘**"(계 1:7). 따라서 의인의 회중을 바라보는 악인들은 "**하나님이 의인의 세대에 계심을 보고**" 두려워할 수밖에 없습니다. 회개하지 않고 악행을 지속하는 자들에게는 이와 같은 심판이 주어질 뿐입니다. 하나님이 의인의 세대, 곧 회개함으로 죄를 벗은 가난한 자들과 함께 계시며 그들을 위하시기 때문입니다.

이에 대해 6절에서 더 분명히 설명합니다. "**너희가 가난한 자의 경영을 부끄럽게 하나, 오직 여호와는 그의 피난처가 되시도다**"(6). 악인들이 심판받게 되는 이유입니다. 원문은 '너희가 가난한 자의 경영을 부끄럽게 한다. 왜냐하면 여호와께서 그의 피난처가 되시기 때문이다'라고 할 수 있습니다.[14] **"가난한 자"**는 5절의 **"의인의 세대"**를 가리킵니다. 회개함으로 죄를 벗은 자가 의인입니다. 악인들은 주님께서 가난한 자들의 피난처가 되어주시는 것을 보며 그들을 무너뜨리려 하는 악행을 계속한다는 것입니다. 5절에서 악인들에 대해 **"그들"**로 표현하였으나 6절에서는 **"너희"**라는 말로 악인들을 향해 직접적으로 말하는 형식을 취합니다. **"가난한 자의 경영을 부끄럽게"** 하는 **"너희"** 악인들을 향한 하나님의 대응이 확실하다는 점을 강조하고 있습니다. **"경영"**이란 '계획'이나 '주장'이라는 뜻으로, 악인들은 무엇보다 먼저 신자들이 믿음으로 살아가려는 삶을 허물어뜨리려 한다는 것입니다.

존 오웬은 이렇게 말했습니다. **"하나님을 피난처로 삼는 것만큼 악인들이 마음속으로부터 멸시하는 것은 없다. 악인들은 여호와를 의지하는 자를 부끄럽게 하려 한다. 세상에서 지혜 있는 자는 자기 지혜를 의지하고, 강한 자는 자기의 능력을, 부한 자는 자기의 재물을 의지하지만, 하나님을 의지하는 것은 세상에서 가장 어리석은 일이라고 생각한다. 유명하고 위대한 사람들을 피난처로 삼는 것은 괜찮은 일이라고 인정하면서도 여호와를 피난처로 삼는 것은 가장 바보 같은 일이라고 조롱한다. 그 이유는 다음과 같다. 1. 그들은 하나님을 알지 못한다. 알지 못하는 자를 의지한다는 것은 어리석은 일이다. 2. 그들은 하나님의 원수이며, 하나님은 그들의 원수이다. 원수를 의지한다는 것은 어리석은 일이다. 3. 그들은 하나님의 도우심과 구원의 방법을 알지 못한다. 4. 그들은 하나님이 주지도 않을 도움이나 물질을 추구하며, 그들의 욕망

---

14  KJV. YLT. 킹흠정역 참조.

을 채우고, 분노하고 부패하며 어리석은 일을 하고자 한다. 하나님은 이들에게 이런 것을 허용하시지 않을 것이다. 죄를 짓기 위해서 하나님을 의지한다는 것은 어리석은 일일 뿐이다. 그들이 처한 상황을 생각해 보면, 그들의 어리석음이 바로 그들의 지혜라는 것을 알게 된다. 죄에 거하기 위해 하나님을 의지한다는 것은 어리석은 일이며, 그래서 가난한 자의 경영을 멸시한다."[15]

이와 같은 방식으로 하나님을 피난처로 삼은 가난한 자들을 허물어뜨리는 악행은 하나님을 향한 악행과 같은 취급을 받습니다. "**내가 진실로 너희에게 이르노니 너희가 여기 내 형제 중에 지극히 작은 자 하나에게 한 것이 곧 내게 한 것이니라**"(마 25:40)는 말씀과 같습니다. 하나님은 자기 백성들을 한몸으로 여기시기 때문입니다. 그렇기에 주의 백성들에게 악행을 지속하는 자들은 심판받을 수밖에 없습니다. 회개하기만 하면 모든 죄를 용서하시겠다는 그 놀라운 은혜를 거부하며 주의 백성들에게 악행을 계속하는 자들은 모든 것을 삼키는 불에 들어간 것처럼 두려운 심판을 받게 되어 있습니다.

그러나 가난한 자들은 정반대입니다. "**이스라엘의 구원이 시온에서 나오기를 원하도다 여호와께서 그 백성의 포로된 것을 돌이키실 때에 야곱이 즐거워하고 이스라엘이 기뻐하리로다**"(7). "**이스라엘의 구원이 시온에서 나오기를 원하도다**"라는 말씀의 원문은 '누가 시온에서 이스라엘의 구원을 줄것인가?'입니다. 의문문 형식을 의역한 것이라서 의역을 따르는 것도 좋지만 의문문 형식으로 살펴보는 것이 더 큰 의미가 있습니다. 시편의 의문문 사용은 대부분 어떤 사실을 몰라서 물어보는

---

15   시편 강해 1. 찰스 스펄전, 안효선 옮김(p422. 생명의 말씀사).

것이 아니라 어떤 의미를 강조하는 문학적 장치입니다. 그래서 **"죄악을 행하는 자는 다 무지하뇨"**(4)는 메시아의 죽음에 담긴 은혜의 구원을 발로 차 버린 것처럼 무지하고 어리석은 일이 없음을 강조하는 용법이라고 할 수 있습니다. 마찬가지로 '누가 시온으로부터 이스라엘의 구원을 주겠느냐?'는 메시아 외에 구원을 줄 수 있는 다른 이가 없다는 사실을 강조하는 말입니다.

**"시온"**은 하나님께서 메시아를 반역하는 무리를 심판할 왕을 세우는 곳입니다. **"내가 나의 왕을 내 거룩한 산 시온에 세웠다 하시리로다"**(시 2:6). 십자가에 못 박혀 죽으시는 일이 왕으로 등극하는 즉위식과 같고 그렇게 해서 세워진 왕은 자기 권세로 훗날 반역자들을 질그릇 부수듯 심판할 것이며, 그 발에 입맞추는 자들은 구원하시는 통치를 베푸신다고 하였습니다. **"그 아들에게 입맞추라 그렇지 아니하면 진노하심으로 너희가 길에서 망하리니 그 진노가 급하심이라 여호와를 의지하는 자는 다 복이 있도다"**(시 2:12). 반역자들을 심판하는 동시에 회개하는 가난한 자들을 구원하는 유일한 통치자는 오직 자기가 먼저 죽고 부활하여 하나님이 거룩한 산 시온에 세우실 메시아 한 분밖에 없음을 분명히 선포한 것입니다.

7절은 바로 그 메시아에게 시선을 주목시키고 있습니다. 악인들을 진노로 멸망시키시되 여호와를 의지하는 가난한 자들을 끝까지 책임지고 구원하시는 분은 오직 메시아 한 분뿐이심을 선포하는 것입니다. 가난한 자들은 악인들의 지속되는 악행에도 불구하고 메시아로 인한 구원의 기쁨과 즐거움을 영원히 놓치지 않습니다. **"여호와께서 그 백성의 포로된 것을 돌이키실 때에 야곱이 즐거워하고 이스라엘이 기뻐하리로다"**, '백성의 포로된 것을 돌이킨다' 함은 포로 상태와 같은 비참한 처지에 있는 죄인들에게 하나님께서 메시아의 청원을 따라 구원의 은혜를 베푸신다는 뜻입니다. 모든 심판과 구원을 메시아의 청원대로 시행하시는 여호와께서 그의 백성들이 포로된 상태에서 벗어나 영원한 즐거움과 기쁨을 누리도록 은혜를 베푸실 것입니다.

시편에서 사용하는 **"야곱"**과 **"이스라엘"**이라는 명칭이 여기서 처음 등장합니다. 여호와의 백성을 **"야곱"**과 **"이스라엘"**로 구체화하여 묘사하는 것은 야곱을 이스라엘이라는 이름으로 부르라 하시며(창 32:28; 35:10) 궁극적으로 그 아들들을 통해 나라가 이루어진(왕상 18:31) 역사를 상기시킵니다. 자격 없는 자를 불러 장자 삼으시고 그의 죄와 허물, 모자람과 연약함에도 끝까지 인도하사 아브라함에게 언약하신 대로 나라를 이루신 하나님의 은혜와 능력을 돌아보게 하는 이름입니다. 전적으로 타락한 인간 중에서 하나님의 백성이 되는 과정도 마찬가지입니다. 하나님의 은혜와 능력이 회개하는 자들을 주의 백성이 되게 하십니다. 그들이 영적 야곱과 이스라엘입니다. 그들은 땅에서 악인들의 횡포와 박해로 크나큰 고통을 당할 수밖에 없을 것이나 메시아의 간절한 청원을 들으시는 여호와는 그들을 끝까지 책임지십니다. 악인들이 심판받을 때 오직 야곱과 이스라엘로 부름받은 가난한 자들은 지켜주시고 보호하시는 여호와로 인하여 영원히 기뻐하고 즐거워하게 될 것입니다.

이 말씀을 통해 메시아는 악인들이 여호와를 부르지 않으며 주의 백성을 박해하는 일을 지속하는 것이야말로 어리석고 무지한 일이며, 오히려 악인들의 횡포로 큰 고통을 당하는 가난한 자들이야말로 지혜롭고 복 있는 자임을 분명히 합니다. 어떤 무리는 하나님의 무한하신 은혜를 거부하는 동시에 주님의 백성 핍박하기를 지속하다가 자기 죄로 심판받을 것이니 그 어리석음이 얼마나 크며, 똑같은 죄인이었으나 어떤 무리는 자기 죄를 알고 회개함으로 주의 백성이 되어 영원한 만족

가운데 기뻐하고 즐거워할 것이니 그 지혜와 복이 얼마나 놀라운가 하는 것입니다.

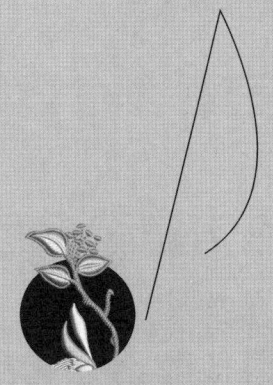

말씀 묵상하며 시편찬송 부르기

# 여호와여 도우소서

시편 12 (1)

시편 강해 II 가난한 자들을 잊지 마옵소서

# 도우소서

시편 12 (2)

STRENGTH AND STAY. 11.10.11.10.

# 미련한 자는 그 맘에

시편 14(3)

OLD 128th. 76.76.D.

시편 강해 Ⅱ 가난한 자들을 잊지 마옵소서

# 시편 15편

주의 장막에 유할 자

*Chapter 1*

## 주의 장막에 유할 자

여호와여 주의 장막에 유할 자 누구오며 주의 성산에 거할 자 누구오니 이까 정직하게 행하며 공의를 일삼으며 그 마음에 진실을 말하며 그 혀로 참소치 아니하고 그 벗에게 행악지 아니하며 그 이웃을 훼방치 아니하며 그 눈은 망령된 자를 멸시하며 여호와를 두려워하는 자를 존대하며 그 마음에 서원한 것은 해로울찌라도 변치 아니하며 변리로 대금치 아니하며 뇌물을 받고 무죄한 자를 해치 아니하는 자니 이런 일을 행하는 자는 영영히 요동치 아니하리이다(시 15:1-5)

14편이 메시아 죽음의 은혜 됨을 외면하고 악행을 지속하다 심판당하는 자들의 무지와 어리석음에 대한 안타까움을 주로 드러내는 내용이었다면 15편은 대조적으로 그 나라에 들어갈 사람들에 관한 내용입니다. 1절이 그 점을 확증합니다. **"여호와여 주의 장막에 유할 자 누구오며 주의 성산에 거할 자 누구오니이까"**(1). "주의 장막", "주의 성산", 곧 '거룩한 산'은 하나님의 통치가 시행되는 곳, 하나님 나라를 말합니다. 거기에 정착하여 살 자가 누구인지를 묻고 있습니다. 우리가 흔히 사용하는 말로 하면 '구원받을 자가 누구고, 천국에 들어갈 사람이 어떤 사람입니까?'라는 뜻입니다. 시편의 의문문은 주로 강조할 때 사용되는 어법입니다. 이 말씀을 듣는 이들이 분명히 알아야 할 점이 있다는 것입니다. 누가 천국에 들어가는가에 관한 진실입니다.

그 점에 대해 2절 이후에서 말합니다. 얼핏 보면 성경의 다른 부분을 통해 알고 있는 '오직 믿음으로만 구원 얻는다'는 말과 달리 행위 구원을 이야기하는 것 같습니다. 15편만 독립적으로 생각하면 율법주의 같습니다. 그러나 성경은 구원에서 두 가지 원칙을 이야기하지 않습니다. 그래서 우리는 문맥을 따라 시편을 살펴야 합니다. 이전 시편에서 이미 모든 인간이 전적으로 타락했다는 사실이 선포되었습니다(시 14:1-3). 모두가 다 죄인이요, 하나님의 원수 된 처지였습니다. 이와 같은 흐름에서 15편은 단순히 행위 구원을 의미한다고 볼 수 없습니다. 죄인 중에서 회개하고 돌이킨 자가 하나님의 거룩한 산에 정착하는 백성이 될 것이며 다음과 같은 특징을 보인다는 의미입니다.

**"정직하게 행하며 공의를 일삼으며 그 마음에 진실을 말하며"**(2). **"정직하게"**는 주로 '완전함, 흠 없음'으로 번역되는 단어이며, **"행하며"**는 '걷는다, 따르다'의 분사형으로 '걷는 자, 따르는 자'라는 의미입니다. **"복 있는 사람은 악인의 꾀를 좇지 아니하며"**(시 1:1)라는 말씀의 의미처럼 '뒤따른다'는 뜻을 가진 단어입니다. 전에는 악인의 꾀를 따르던 자였으나 이제는 변화되어 하나님의 완전함을 따르는 자라는 것입니다. 주님의 나라에 거할 자들이 변화되어 이러한 특징을 보인다고 합니다. 예수님께서 심령이 가난하여 복 있다고 선언하신 자들에게 **"그러므로 하늘에 계신 너희 아버지의 온전하심과 같이 너희도 온전하라"**(마 5:48)고 명하신 것과 같은 의미입니다. 그런데 이 말씀은 죄와 허물로 물들여진 비천한 자들이 이루기 불가능한 목표처럼 보입니다. 하지만 예수님은 연약한 성도들에게 이같이 놀라운 명령을 하셨습니다. 죄인이 하나님처럼 완전해질 수 있어서가 아닙니다. 삶에 실수가 전혀 없어야 한다는 것이 아니라 하나님 아버지의 완전함을 목표로 뒤따르라는 말씀입니다.

그 방향을 이렇게 말씀합니다. **"공의를 일삼으며 그 마음에 진실을 말하며"**는 '의를 행하며 그 마음에 진실을 말하는 자'라는 뜻입니다. **"의"**는 율법을 다 지킨 상태의 거룩함을 말합니다. 하나님의 완전함을 따르는 자는 율법을 지켜 의를 행하는 일에서 완전에 이르기를 목표로 하는 사람입니다. 또한 '마음에 진실을 말하는' 자이기도 합니다. 율법을 지켜 의를 행하는 수준이 겉으로만 행하는 척하는 위선자가 아니라 마음에서 진실로 의와 진리를 행하는 자라는 뜻입니다. 거짓과 악독과 세상을 사랑하던 마음이 진리를 사랑하며 의를 행하되 거짓됨이 없이 마음속에서부터 완전함에 이르기를 목표로 사는 것입니다. 주의 성산에 거할 자들은 그 방향을 향해 나아가려 애쓰는 특징을 보인다는 말입니다.

겉으로 드러나는 행동도 이전과 다릅니다. **"그 혀로 참소치 아니하고 그 벗에게 행악지 아니하며 그 이웃을 훼방치 아니하며"**(3). '혀로 참소한다', 중상모략한다는 것은 악을 즐거워하는 마음이 말에 반영된 상태를 나타냅니다. 회개한 사람은 마음이 변화되어 이제 남을 나쁘게 보고 적대시하며 험담하는 것을 더 이상 좋아하지 않게 됩니다. 말부터 달라지는 것입니다. 타락했던 정서와 취향이 변했기 때문입니다. 전에는 이웃을 해롭게 하는 악한 말을 좋아했던 마음이 이제는 오히려 불편해집니다. 죄를 좋아하던 마음에서 죄를 싫어하며 의와 진리를 좋아하는 마음으로 변했기 때문입니다.

행위도 달라집니다. **"그 벗에게 행악지 아니하며 그 이웃을 훼방치 아니하며"**. 말뿐만 아니라 행동까지 변화됩니다. 전에는 가까운 사람도 특별한 이유 없이 미워하고 시기하며 비방하는 것을 만족하던 자가 이제는 그들을 대하는 행동이 달라집니다. 다른 사람에게 해가 되는 일을 하지 않으려 합니다. 다른 사람의 기분이나 감정을 고려하는 법이 없이 그저 내 기분 내키는 대로 하던 사람이 그들을 존중하며 위하는 모습을 보입니다. 이웃을 사랑하라는 계명을 진지하게 순종하는 것입니다. 말과 행실에서 이전과 완전히 달라졌습니다.

그렇다고 무분별하게 모든 사람을 다 사랑의 대상으로 여기지는 않습니다. **"그 눈은 망령된 자를 멸시하며 여호와를 두려워하는 자를 존대하며 그 마음에 서원한 것은 해로울지라도 변치 아니하며"**(4). **"망령된 자"** 는 '거절당한 자, 멸시받는 자'라는 뜻으로 **"여호와를 두려워하는 자"** 와 병행되는 것으로 볼 때 '하나님께 멸시받는 자', 혹은 '하나님께 버림받은 자'를 가리킵니다. 회개하지 않고 끝까지 악행을 지속하는 악인이 대표적입니다. 그 눈이 하나님께 거절당한 자를 멸시하게 되었다는 것은 사람이나 무언가를 보는 눈, 가치의 기준이 달라졌다는 의미입니다. 이전에는 나에게 유익이나 즐거움을 준다고 생각하면 악행을 지속하는 악인이라도 가까이하면서 추하고 더러운 일이라도 마다하지 않고 추구했습니다. 하나님께서 좋아하시는지 싫어하시는지는 우선적인 고려 사항이 아니었습니다. 자신의 즐거움이나 이익이 우선이었습니다.

그러나 회개한 사람은 성향이 바뀝니다. 하나님께 버림받은 자나 하나님께서 멸시하는 일을 가까이하지 않으려 합니다. 가치 기준이 변하여 분별없이 악하고 추한 것을 좋아하고 따르던 성향에서 이제는 오히려 그것들을 멀리하면서 눈길조차 주지 않으려 하는 자로 변화된 것입니다. 또한 여호와를 두려워하는 자를 존대합니다. 여호와를 두려워하는 것은 주로 '경외'로 묘사됩니다. '경외'는 사랑하는 분에게 자원하여 순종하게 하는 두려움을 가리킵니다. 폭군에게는 보복이나 처벌이 두려워서 복종할 수 있습니다. 그러나 여호와를 향한 두려움은 그분이 권능뿐만 아니라 사랑과 은혜와 자비와 긍휼도 함께 가지고 계신 분이심을 알기에 자원하여 순종하는 것입니다. 그 두려움을 '경외'라고 합니다.

전에는 하나님을 경외하는 자를 보면 어리석게 보이고 가까이하고 싶지 않았으나 이제는 그 사람이 특별히 나에게 잘해 주는 것이 없어도, 그가 하나님을 사랑하고 경외하는 사람으로 살고 있다는 사실만으로도 그를 존귀하게 여깁니다. 가치 기준이 완전히 바뀐 것입니다. 세상은 사회적 명성이나 부요함, 또 나에게 어떤 이익이 되거나 그가 가진 조건 여부로 상대를 귀히 대하거나 혹 멀리합니다. 그러나 회개한 자는 이제 달라집니다. 그런 이유와 전혀 상관없이 여호와 하나님을 경외하는 사람이라는 점 자체로 그를 귀히 여기고 존경하는 마음을 갖게 됩니다. 심령이 가난한 자들을 복되다 하신 하나님을 경외하는 이유만으로도 존귀하게 여기는 것입니다. 반대로 아무리 뛰어나고 매력적인 조건을 갖추고 있다고 해도 그가 하나님을 경외하지 않는다면 존경의 대상으로 삼지 않습니다.

가치 기준이 바뀌었다는 것은 또 다른 점에서도 발견됩니다. 그 마음에 서원한 것은 해로울지라도 변경하지 않습니다. 설령 손해를 볼지언정 하나님 앞에서 맺은 약속을 더 중요하게 생각하는 것입니다. 물리적인 손해보다 보이지 않는 손해, 곧 하나님 백성이라는 신분을 욕되게 하는 것이 더 큰 손실로 여겨지기 때문입니다. 회개한 자는 예기치 않는 일로 불이익을 당할지라도 하나님 백성이라는 신분으로 사는 것을 더 중요하게 생각합니다. 전에는 보이지 않는 하나님의 존재와 그 앞에서 서약한 일의 무게를 전혀 느끼지 못했습니다. 하나님의 눈이 지켜보고 계신다는 말을 들어도 땅에서 누리는 편안함과 즐거움 때문에 잊어버리기 일쑤였습니다. 약속을 지키는 것보다 손해 보지 않는 것이 더 중요했습니다. 심지어 하나님을 섬기는 일에서도 내가 손해 보는 일은 꺼

렸습니다. 그러나 회개한 뒤에는 오히려 손해 보더라도 하나님의 이름이 존귀하게 여김받는 것이 더 좋은 일임을 알게 되었습니다. 세상에서 누리는 재물이나 명성, 또 다른 사람과의 신의보다 하나님의 영광이 무엇보다 소중하며 우선한다는 사실을 알게 되었습니다. 보는 눈, 가치의 기준이 그렇게 바뀌었습니다. 땅의 것을 전부로 알던 근시안적이고 세속적인 시각에서 영원한 하늘까지 이어지는 거시적이고 신령한 안목으로 바뀐 것입니다.

마지막으로 주님의 거룩한 산에 거하는 사람의 특징에 관해 이렇게 말씀합니다. **"변리로 대금치 아니하며 뇌물을 받고 무죄한 자를 해치 아니하는 자라"**(5). 자비와 공평이 조화와 균형을 이루는 모습입니다. 우선은 자기가 받은 은혜가 얼마나 큰지 아는 사람답게 행합니다. **"변리로 대금"**한다는 말은 고리대금업을 한다는 것입니다. 율법은 돈이나 물품을 빌려주고서 과도하게 이윤을 취하는 것이나, 빌려준 자가 이익을 보았는지 손해를 보았는지 그 상황을 고려하지 않고 이자를 취하는 것을 금합니다. **"네가 만일 너와 함께한 나의 백성 중 가난한 자에게 돈을 꾸이거든 너는 그에게 채주같이 하지 말며 변리를 받지 말 것이며 네가 만일 이웃의 옷을 전당잡거든 해가 지기 전에 그에게 돌려보내라 그 몸을 가릴 것이 이뿐이라 이는 그 살의 옷인즉 그가 무엇을 입고 자겠느냐 그가 내게 부르짖으면 내가 들으리니 나는 자비한 자임이니라"**(신 22:25-27). 주님의 백성은 이웃의 어려움을 대할 때 자기를 구원하신 하나님의 은혜가 얼마나 크고 놀라운지를 아는 자답게 행해야 한다는 말씀입니다. 내가 먼저 하나님의 무한하신 자비와 긍휼을 입은 신분임을 기억하면서 나에게 빚진 자를 대하는 것입니다. 회개한 사람은 그와 같은 변화된 모습을 보입니다.

그러면서도 공평을 잃지 않습니다. **"뇌물을 받고 무죄한 자를 해치 아니하는 자라". 이전에는 돈이나 권력에 굴복하여 공평을 버리기도 했습니다. 공평보다 내 이익이 중요했습니다. 하지만 이제는 공평을 소중히 여깁니다. 아무리 큰 이익을 얻는다고 해도 바른길이 아니면 가지 않습니다. 부당한 이익을 취하면서 무죄한 자를 해롭게 하는 악한 길을 혐오합니다. 눈앞의 이익보다 진리를 더 중시하며 공평의 도리를 따르는 자가 되었습니다. 이렇게 변한 것입니다.

이와 같은 특징을 보이는 자들이 주의 나라에 영원히 거할 것입니다. "**이런 일을 행하는 자는 영영히 요동치 아니하리이다**". 앞에서 밝힌 대로 마음에서부터 의를 행하려 하되 완전함에 이르는 것을 목표로 하는 사람, 말과 행위로 이웃에게 해를 끼치지 않으며 부패한 본성이 좋아할 만한 것을 배제하고 여호와를 경외하는 자를 존대하며 어떤 일이 있어도 신의를 지키려 하는 사람, 긍휼과 공평이 조화를 이루는 신령하고 균형 잡힌 사람이 이에 해당합니다. 그들은 하나님 나라에 영원히 거할 것이며 절대 그 거처를 잃지 않을 것입니다.

처음에 밝힌 것처럼 본문은 마치 행위 구원을 이야기하는 것처럼 보입니다. 하지만 가난한 자들을 구원하신다는 이전 편을 생각하면 그렇지 않다는 사실을 알 수 있습니다. 회개한 자는 필연적으로 변화가 나타나게 되어 있으며, 그 변화의 증거를 보이는 자들이 하나님 나라에 거하며 영원히 흔들리지 않으리라는 뜻이기 때문입니다. 세례 요한이 유대인들을 향해 "**회개에 합당한 열매를 맺고 속으로 아브라함이 우리 조상이라고 생각지 말라 내가 너희에게 이르노니 하나님이 능히 이 돌들로도 아브라함의 자손이 되게 하시리라**"(마 3:8-10)고 선포한 말씀과 같습니다. 하나님의 백성 됨은 율법을 소유했거나, 혈통에 따른 아브라함의 후손이라는 이유가 아니라 오직 믿음으로 주어지며 그 증거는 회개에 따른 합당한 열매를 맺는가로 확인된다는 뜻입니다. 혈통으로 아브라함의 자손도 아니고 율법도 없는 이방인이나 무서운 죄인이더라도 회개하고 그에 합당한 열매를 맺은 자는 누구라도 주의 장막에 거주할 것이며 주님께서 통치하시는 거룩한 산에 영원히 정착해 살며 그 집을 잃지 않을 것입니다. 메시아의 죽음과 간구가 그 복을 허락하십니다.

그런데도 언뜻 보면 시편 15편이 행위 구원을 이야기하는 것처럼 보이는 형식으로 말씀하신 것은 회개한 자에게 변화된 행실이 얼마나 중요한 의미인지를 알게 합니다. 분명 회개한 가난한 자들이 구원 얻는다고 말씀하신(시 14:6,7) 후에 15편에서 율법을 행하는 자가 구원 얻는다는 방식으로 이야기하는 것은 구원의 서로 다른 조건을 제시하는 것이 아닙니다. 이런 모습이 완성되어야 구원을 준다는 말이 아닙니다. 악인들과 똑같은 죄인 중에 구원 얻을 자들은 누구나 다 이렇게 변화된 특징을 갖게 된다는 뜻입니다. 회개한 자는 순종을 당연히 나타낼 수밖에 없으며, 행실은 그가 가진 믿음의 증표라는 뜻입니다. 그래서 마치 이 모든 일을 행해야 구원 얻는다고 오해할 만한 문구를 사용한 것은 그 일의 중요성을 함축하고 있다고 말할 수 있습니다. 회개에 합당한 열매를 맺는 것이 신자에게 얼마나 당연하고 또 중대한 믿음의 증거인지를 말씀하시는 것입니다. 가난한 심령이 회개함으로 영원한 구원을 얻지만 그 믿음이 순종과 얼마나 긴밀하게 연결되어 있는지를 알게 합니다.

히브리서 3장의 말씀과 같습니다. **"또 하나님이 사십 년 동안에 누구에게 노하셨느뇨 범죄하여 그 시체가 광야에 엎드러진 자에게가 아니냐 또 하나님이 누구에게 맹세하사 그의 안식에 들어오지 못하리라 하셨느뇨 곧 순종치 아니하던 자에게가 아니냐"**(히 3:17, 18). 출애굽 하였으나 광야에서 하나님의 진노를 받아 죽은 자들을 언급하며 그들의 불순종 때문이었다고 밝히는 내용입니다. 그러나 곧바로 그 불순종에 관하여 **"이로 보건대 저희가 믿지 아니하므로 능히 들어가지 못한 것이**

라"(히 3:19)고 합니다. 불순종은 믿음 없음의 겉모습이라는 설명입니다. 믿음은 순종과 별개의 것이 아닙니다. 마치 머리와 몸통이 서로 구분되나 하나로 연결되어 있어야 살아있는 생명인 것처럼 믿음은 항상 순종과 연결되어 있으며 순종으로 믿음을 증명하게 되어 있습니다. 회개한 자들은 회개의 열매를 맺기 위해 힘쓰는 것이 당연하다는 의미입니다. 그런 점에서 마치 율법을 지킨 자가 주님의 장막에 거하며 영원히 흔들리지 않을 것이라고 말씀하시는 것입니다. 율법을 온전히 순종한 자들에게만 줄 수 있는 구원을 전적으로 타락했던 자가 오직 회개함으로 받아 누리게 되었으니 그 복을 허락받은 자로서 신분에 합당한 순종을 보이는 것, 회개의 열매를 맺기 위해 힘쓰는 것이 당연하며 또 중요한 모습이라는 것입니다.

말씀 묵상하며 시편찬송 부르기

# 누가 주의 장막에 머무르며

시편 15

시편 강해 II 가난한 자들을 잊지 마옵소서

# 시편 16편

메시아의 기쁨
주의 거룩한 자로 썩지 않게

*Chapter 1*

## 메시아의 기쁨

> 하나님이여 나를 보호하소서 내가 주께 피하나이다 내가 여호와께 아뢰되 주는 나의 주시오니 주 밖에는 나의 복이 없다 하였나이다 땅에 있는 성도는 존귀한 자니 나의 모든 즐거움이 저희에게 있도다 다른 신에게 예물을 드리는 자는 괴로움이 더할 것이라 나는 저희가 드리는 피의 전제를 드리지 아니하며 내 입술로 그 이름도 부르지 아니하리로다(시 16:1-4)

시편 16편도 메시아와 관련된 또 다른 진실을 전해주는 말씀으로 이해할 수 있습니다. 사도행전 2장과 13장에서 베드로와 바울 사도가 각각 이 시편을 들어 예수님에 관한 예언임을 증거합니다. 베드로 사도는 시편 16편을 이렇게 말씀합니다. "다윗이 저를 가리켜 가로되 내가 항상 내 앞에 계신 주를 뵈웠음이여 나로 요동치 않게 하기 위하여 그가 내 우편에 계시도다 이러므로 내 마음이 기뻐하였고 내 입술도 즐거워하였으며 육체는 희망에 거하리니 이는 내 영혼을 음부에 버리지 아니하시며 주의 거룩한 자로 썩음을 당치 않게 하실 것임이로다 주께서 생명의 길로 내게 보이셨으니 주의 앞에서 나로 기쁨이 충만하게 하시리로다 하였으니"(행 2:25-28). 시편 16편 8-11절 그대로입니다. 예수님께서 십자가에 못 박혀 죽으신 후에 부활하신 일을 설명하면서 그 일이 이미 오래전 다윗을 통해 시편에 예언되었음을 이렇게 밝히는 것입니다. 더 나아가 예수님의 부활을 언급하며 "**형제들아 내가 조상 다윗에 대하여 담대히 말할 수 있노니 다윗이 죽어 장사되어 그 묘가 오늘까지 우리 중에 있도다**"(행 2:29)라고 합니다. 시편에서 "**주의 거룩한 자로 썩음을 당치 않게 하실 것임이로다**"(시 16:10)라고 한 말씀이 다윗에게는 적용되지 않는다는 말입니다. 다윗은 이미 장사 되어 그 몸이 썩었기 때문입니다. 바울 사도도 그 점을 언급합니다. "**그러므로 또 다른 편에 일렀으되 주의 거룩한 자로 썩음을 당하지 않게 하시리라 하셨느니라 다윗은 당시에 하나님의 뜻을 좇아 섬기다가 잠들어 그 조상들과 함께 묻혀 썩음을 당하였으되 하나님의 살리신 이는 썩음을 당하지 아니하였나니**"(행 13:35-37). 다윗이 16편에서 기록한 말씀이 단순히 자기 형편이나 그 가운데서 발휘한 믿음 정도가 아니라는 말씀입니다. 비록 시편 16편을 다윗이 지었어도 그는 죽어 장사되어 몸이 썩었고 그 묘가 남아 있으므로 이 내용이 그에게 해당되지 않습니다.

시편 16편을 통해 알리고자 한 궁극적인 의미는 다른 데 있습니다. "**그는 선지자라 하나님이 이미 맹세하사 그 자손 중에서 한 사람을 그 위에 앉게 하리라 하심을 알고 미리 보는 고로 그리스도의 부활하심을 말하되 저가 음부에 버림이 되지 않고 육신이 썩음을 당하지 아니하시리라 하더니 이 예수를 하나님이 살리신지라 우리가 다 이 일에 증인이로다**"(행 2:30-32). 다윗은 골리앗을 물리친 목동이요, 찬송 잘하는 자요, 하나님의 마음에 합한 신자요, 이스라엘을 통일시키고 다스린 위대한 왕일 뿐만 아니라 선지자이기도 했습니다. 선지자란 하나님께서 궁극적으로 이루실 하나님 나라에 대한 신령한 계시를 받아 전하는 자입니다. 그래서 다윗이 자기 생활을 기반으로 해서 지은 시편이라 해도 단순히 왕이나 성도의 신분에서 발생한 체험을 기록한 신앙고백 차원의 글이 아니라 하나님의 비밀스러운 뜻이 담긴 계시로 이해해야 합니다. 하나님이 그에게 **"그 자손 중에서 한 사람을 그 위에 앉게"** 하실 것을 보여주셨다고 합니다. 다윗의 후손 중에서 한 사람을 '하나님 나라의 왕이요 통치자의 자리에 앉히실 것'을 미리 알게 하신 것입니다. 그런 점에서 시편 16편은 하나님께서 다윗에게 후세에 메시아가 죽었다가 다시 살아나실 것과 그 의미와 목적이 무엇인지, 그 과정이 어떨지를 알려주신 내용입니다. 예수 그리스도의 죽음과 부활에 관계된 예언임을 염두에 두고 이해해야 하는 것입니다.

그렇게 볼 때 **"하나님이여 나를 보호하소서 내가 주께 피하나이다"**(1)라는 말씀은 메시아가 죽음의 처절한 고난에 처했으며 그때 어디에 소망을 두고 계시는지를 알게 합니다. 메시아는 여호와 하나님만을 피난처로 삼았으며 하나님만이 자신을 이 죽음의 고난 가운데서 구원해 주실 수 있는 분으로 믿고 있었음을 알게 합니다. 죄인들을 대신하여 받게 된 진노의 불길 가운데서도 메시아는 하나님을 붙드는 믿음을 거두지 않으셨습니다. 비록 그가 가난한 자들을 구원하시기 위한 제물로 나를 죽음에 넘기신 분이라 할지라도 여전히 그분만이 나의 소망이며 구원자가 되신다는 점을 잊지 않고 계셨던 것입니다. 예수님이 자신의 죽음과 부활을 예표한 표적이라 친히 언급하신(마 16:4) 요나 선지자의 기도문도 이와 같습니다. 그가 바다에 던져진 후 큰 물고기에게 먹혔을 때 뱃속에서 이렇게 기도했습니다. **"주께서 나를 깊음 속 바다 가운데 던지셨으므로 큰 물이 나를 둘렀고 주의 파도와 큰 물결이 다 내 위에 넘쳤나이다 내가 말하기를 내가 주의 목전에서 쫓겨났을지라도 다시 주의 성전을 바라보겠다 하였나이다"**(욘 2:3,4). 나를 죽음 가운데 내어주셨을지라도 하나님밖에 기댈 분이 없고, 또한 다시 살릴 수 있는 능력을 지니신 유일한 분이기에 하나님을 떠날 수가 없으며 하나님만 의지한다는 고백입니다. 예수님은 요나 선지자가 겪은 일이 자신의 죽음과 부활을 예표한 표적이라 하셨습니다. 그래서 시편 16편의 구절은 다윗을 통해 훗날 메시아가 죽음의 고난 한가운데서도 자기를 건져주실 분은 오직 하나님 한 분 외에 아무도 없다는 사실을 굳게 믿고 하나님께 직접 고백하실 것을 예표한다고 하겠습니다.

메시아는 자신이 이 고난을 겪는 이유에 관해 고백합니다. 하나님과 성도들을 사랑하시기 때문입니다.[16] 먼저 하나님을 향한 사랑을 고백합니다. "**내가**[17] **여호와께 아뢰되 주는 나의 주시오니 주 밖에는 나의 복이 없다 하였나이다**"(2). 여호와 하나님보다 더 큰 복이나 더 나은 선은 없다는 고백입니다. 하나님이 자기의 주인 되실 뿐만 아니라 최고의 만족과 유익의 대상이라는 것입니다. 메시아는 죽음의 고난 한가운데서 이렇게 고백합니다. 십자가를 통한 인류의 구원을 계획한 분은 다름 아니라 하나님이셨습니다. 그 때문에 성자 하나님이신 메시아가 육신을 입고 이 땅에 종처럼 내려와서 인간의 연약함을 직접 경험하고 그 모든 형벌의 고통을 다 겪으셨습니다. 심지어 하나님의 진노를 받는 죽음을 당한 처지이면서도 하나님은 절대 주인이신 동시에 무엇과도 비교할 수 없는 만족과 유익의 대상이심을 밝히고 있습니다. 이 사실이 메시아

---

16   히브리어 원문에서는 2절에 'לַיהוָה'(여호와께, 혹은 여호와에 관하여), 3절에 'לִקְדוֹשִׁים'(성도에 관하여)라는, 눈에 띄는 방식으로 하나님과 성도들을 향한 메시아의 심정을 제시하고 있다.

17   "**내가 ~ 아뢰되**"의 히브리어는 2인칭 여성 단수형(אָמַרְתְּ)으로 원래는 '네가 ~ 아뢰기를'이라는 의미다. 그러나 그런 해석은 난해하여 역본들의 번역이 나뉜다. 각각 깊은 의미를 제시하나 필자는 한글개역성경처럼 1인칭 남성 단수형 "**내가**"를 따랐다. 70인역을 비롯한 다수의 역본이 여성형 '(나의) 영혼'이 생략된 의미로 이해하여 "**내가**"를 취하며, 문맥 흐름에서 메시아의 고백으로 보는 것이 자연스러워 보이기 때문이다.

로 하여금 십자가의 죽음을 기꺼이 받아들이게 하셨음을 알게 합니다.

또한 성도들을 향한 사랑을 이렇게 고백합니다. **"땅에 있는 성도는 존귀한 자니 나의 모든 즐거움이 저희에게 있도다"**(3). 회개하여 주의 나라에 거하게 된 성도들을 향한 메시아의 마음을 보여줍니다. **"땅에 있는 성도"**는 14, 15편에 나타난 자들을 가리킵니다. 그들은 원래 다른 사람들과 마찬가지로 전적으로 타락하여 하나님을 배척하며 구원의 도리에 대해 무지하였으나(시 14:1-3) 하나님께서 그들에게 간섭하시자 돌이켜 회개하고(시 14:6,7) 회개의 열매로 그 증거를 보이게 된 자들입니다(시 15:1-5). 땅에 살면서 세상과 구별된 거룩한 자들을 존귀하다 하시며 그들에게 모든 즐거움이 있다고 하십니다. 메시아의 기쁨이 되는 최고 사랑의 대상이라는 뜻입니다. 회개의 열매를 맺어 하나님 백성임을 나타내는 성도들처럼 귀하고 즐거워할 다른 대상이 없으십니다. 처음부터 거룩하기만 한 자들이라서 그렇게 귀히 여기시는 것이 아닙니다. 회개하고 그 열매를 맺어 세상과 구별되었음을 드러내는 하나님의 백성이기 때문입니다. 메시아는 그들을 가장 귀한 자들로 여기시며 그 존재 자체로 즐거워하십니다.

메시아가 죽음의 고난에서 보호해 주시기를 하나님께 호소한(1절) 후에 이와 같이 하나님과 성도들에 관한 사랑을 밝히고 있습니다. 이는 메시아가 당하는 죽음의 의미를 알려줍니다. 주인 되시는 성부 하나님을 사랑하여 그 뜻을 따르며, 성도들을 사랑하여 귀히 여기기에 죽음의 고난을 기꺼이 받으신다는 것입니다. 그 사랑의 완전한 증표가 메시아가 당하는 죽음입니다. **"그가 우리를 위하여 목숨을 버리셨으니 우리가 이로써 사랑을 알고"**(요일 3:16)라는 말씀과 같습니다. 하나님을 사랑하고 성도들을 사랑해서 죄사함을 위한 하나님의 진노를 홀로 다 받으신 것입니다. 이보다 큰 사랑은 없습니다. 이는 그의 죽음이 가난한 자들의 죄를 씻기에 충분한 흠 없는 제물임을 암시합니다. 목숨을 주면서까지 하나님과 성도들을 사랑한 것은 율법을 온전히 지킨 것과 같습니다. 율법의 주요 강령에 대해 예수님은 이렇게 말씀하셨습니다. **"네 마음을 다하고 목숨을 다하고 뜻을 다하여 주 너의 하나님을 사랑하라 하셨으니 이것이 크고 첫째 되는 계명이요 둘째는 그와 같으니 네 이웃을 네 몸과 같이 사랑하라 하셨으니 이 두 계명이 온 율법과 선지자의 강령이니라"**(마 22:37-40). 율법은 먼저 하나님을 사랑하고 다음에 이웃을 사랑하는 것입니다. 사랑과 계명 순종은 다르지 않습니다. 그런 점에서 메시아가 당하게 된 죽음은 하나님과 성도를 향한 그의 사랑이 온전하며 율법을 온전히 순종하셨다는 의미입니다. 다시 말하면 메시아의 죽음은 회개하는 자들의 죄를 사하기에 충분함을 밝히는 것입니다. 레위기를 비롯하여 성경 곳곳에서 수없이 밝히듯이 회개하는 자들의 죄를 깨끗하게 하려면 흠 없는 제물의 희생이 필요합니다. 죄사함을 위한 제물이 흠이 없어야 한다는 규례들은 모두 메시아의 흠 없는 제물 되심을 예표합니다. 그런 점에서 메시아가 하나님과 성도들을 사랑한다는 사실을 고백하는 것은 그의 죽음이 회개하는 자들의 죄악을 대신 사하기에 부족함이 없으며 하나님께서도 흡족히 받으실만한 제물임을 확증하는 것입니다. 아무리 큰 죄인이라도 메시아를 구세주로 영접하고 회개하면 구원을 얻으며 하나님께서 지켜주심으로 영원한 영광을 얻게 될 것입니다.

그러나 회개하지 않는 자들은 이 복을 전혀 얻지 못합니다. **"다른 신에게 예물을 드리는 자는 괴로움이 더할 것이라"**(4). 메시아가 사랑하는 대상에 들지 않는 자들이 누구인지를 말합니다. **"다른 신에게 예물을 드리는 자"**로 번역된 단어는 '다른 자를 재빨리 따라가는 자'라는 의미입니다. 흠 없는 제물이 되어 죽기까지 하는 사랑으로 죄사함을 주시는 메시아 대신 아무 도움도 줄 수 없는 다른 대상을 신처럼 여겨 따르며 섬기는 자들은 심판의 괴로움을 피할 수 없다는 뜻입니다. 그런 자들에게는 메시아의 대속하는 죽음이 효력을 미치지 않습니다. **"나는 저희가 드리는 피의 전제를 드리지 아니하며 내 입술로 그 이름도 부르지 아니하리로다"**(4). **"피의 전제"**는 '피를 쏟아붓는 제사'라는 뜻으로 우상 숭배하는 자들을 가리킵니다. 메시아는 그런 자들과 관계가 없으며 그들의 이름도 부르지 않겠다고 합니다. 회개하지 않고 도리어 우상을 숭배하는 자들과는 어떤 관계도 없다는 것을 확실히 합니다. 메시아의 고난은 다른 신을 섬기는 자들과는 아무 상관도 없을 뿐만 아니라 그들을 구원해 주시라는 메시아의 간구는 더더욱 없습니다. 회개한 자들과 이방 신을 따르는 자들을 철저히 분리합니다. 회개한 자들은 목숨까지 주시는 사랑의 대상이로되 다른 신을 따르는 자들은 심판의 대상일 뿐입니다. 메시아의 죽음은 회개한 자들을 위한 것입니다. 그 어떤 죄인이라도 회개하기만 하면 하나님의 백성이 될 것이며 진노의 잔을 마시는 형벌에서 면제될 것입니다. 메시아가 하나님과 성도들을 사랑하여 대속하는 죽음을 홀로 당하는 고난 한가운데서 자신과 성도들의 구원을 하나님께 의뢰하고 또 우상을 숭배하는 자들을 심판에 넘겨 주시기를 하나님께 간구하시기 때문입니다.

흠 없는 제물로 자기 목숨을 하나님께 바치신 메시아의 청원을 하나님은 들어주실 수밖에 없습니다. 메시아는 그렇게 해서 얻게 된 만족과 즐거움을 고백합니다. 우선 하나님이 자기의 전부가 되신다는 사실을 고백합니다. **"여호와는 나의 산업과 나의 잔의 소득이시니 나의 분깃을 지키시나이다"**(5). **"산업"**은 삶의 터전이 되는 상속이나 전리품을 의미하고 **"잔"**은 누리게 하신 것을, **"소득"**은 분배받은 한 부분을 의미합니다. **"나의 산업과 나의 잔의 소득이시니"**는 여호와 하나님이 그의 삶의 터전이자 풍요롭게 누리며 살게 하는 소유라는 고백입니다. 즉 여호와 하나님이 자신의 전부라는 고백입니다. 레위 지파의 사례에서 상징된 바와 같습니다. 다른 지파들과는 달리 레위 지파는 가나안 땅에 지분을 갖지 못하고 대신 여호와가 그들의 기업이 되어 주셨습니다(민 18:20, 신 10:9). 하나님을 소유로 얻는 것입니다. 하나님을 소유했다는 것은 모든 것을 얻은 것과 같습니다. 하늘과 땅을 창조하신 소유주이시자 다스리는 분이신 하나님을 얻은 것은 곧 모든 것을 다 가진 것이라 할 수 있습니다. 이후 시편에서 하나님을 **"영원한 분깃"**(시 73:26)이라 고백하는 것과 같은 이치입니다. 하지만 그것은 죽음의 고난 중에서도 하나님을 향한 소망을 잃지 않으신 메시아 안에서 가능한 일입니다. 하나님은 먼저 죄인들을 대신해 죽으신 메시아의 모든 것이 되어주시기 때문입니다.

또한 하나님은 메시아의 기업을 지키는 분이심을 고백합니다. **"나의 분깃을 지키시나이다"**. 원문은 '당신은 나의 분깃을 지키는 분이시나이다'라는 뜻입니다. 우리말 성경은 '당신은'을 생략했으나 원문은 강조하고 있습니다. 고난 중에도 직접 하나님 앞에 나아가 아뢰고 있다는 의미를 돋보이게 하는 구문입니다. 하나님은 메시아의 전부일 뿐만 아니라 메시아의 기업을 지켜주시고 붙들어 주시는 분이심을 고백하고 있습니다. 하나님께서 지키신다는 말은 그 누구도 이 기업을 훼손하거나 빼앗아 갈 수 없다는 뜻입니다. 하나님이 한번 허락하신 기업은 그 영광을 잃어버리지 않고 영원히 누릴 수 있습니다. 하나님은 메시아의 기업을 그렇게 유지하게 하실 것입니다.

하나님이 지켜주시는 메시아의 기업은 성도입니다. **"내게 줄로 재어 준 구역은 아름다운 곳에 있음이여 나의 기업이 실로 아름답도다"**(6). **"구역"**의 원문은 '영토, 줄, 부분, 몫, 무리' 등 여러 가지 의미로 번역되는 단어의 복수형입니다. 우리말 성경은 영토의 개념으로 이해하여 **"내게 줄로 재어 준 구역이 아름다운 곳에 있음이여"**라고 하였으나 근본적인 의미는 하나님의 백성을 기업으로 얻으셨음을 기뻐한다는 뜻입니다. 직역하면 '아름다운 곳에 있는 무리가 나에게 주어졌다'는 정도로 이해할 수 있습니다. **"줄로 재어 준 구역"**으로 의역한 이 단어를 사무엘상 10장에서 **"무리"**로 번역한 것과 같습니다. **"그들이 산에 이를 때에 선지자의 무리가 그를 영접하고"**(삼상 10:10). 지금 메시아의 기업을 설명하는 구절임을 생각하면 영토의 개념을 통해 구원받은 백성들을 기업으로 얻어 기뻐하는 상황임을 알 수 있습니다. 하나님이 맡기시고 지켜 보호해 주시는 백성들 한 명 한 명이 메시아의 기업이며 그들이 참으로 아름답다는 것입니다. **"아름다운 곳에"**라는 단어를 11절에서는 **"즐거움이"**로 번역했습니다. 백성들을 기업으로 얻은 즐거움이 하나님 우편에 있는 즐거움과 유사함을 짐작하게 합니다. 메시아가 얻은 기업은 단순히 풍요로운 영토여서 즐겁다는 뜻이 아닙니다. 구원받은 백성이 다양하고 아름다우며 그들 모두가 메시아의 즐거움과 만족이 된다는 뜻입니다. 그들이 원래부터 흠모할 만한 아름다움을 가지고 있어서가 아닙니다. 메시아의 죽음으로 회개하는 자들의 죄가 깨끗하게 씻겨 하나님이 흡족하게 받으실만한 의롭고 거룩한 백성이 되었기 때문입니다.

메시아는 하나님의 자녀가 된 백성들을 자기 기업으로 삼아 큰 기쁨과 만족으로 통치하시며, 하나님은 이 기업을 친히 끝까지 지켜주십니다. 시편 2편에서 십자가의 죽음과 부활을 겪게 될 메시아를 향해 **"너는 내 아들이라"** 하시며 **"내게 구하라 내가 열방을 유업으로 주리니 네 소유가 땅 끝까지 이르리로다"**(시 2:8)고 하신 말씀을 연상시킵니다.

메시아는 **"하나님이여 나를 보호하소서 내가 주께 피하나이다"**(1)라고 호소해야 하는 죽음의 심연 한가운데서도 이와 같이 고백하고 있습니다. 자신의 죽음은 하나님과 성도들을 사랑한다는 증표요, 백성들의 죄를 사하고 하나님께 흡족하게 받아들여질 만한 흠 없는 제물이 되어 궁극적으로 하나님과 성도들을 기업으로 얻게 되며 그로 인해 최고의 만족과 기쁨을 누리신다는 것을 보여줍니다. 이와 같은 소망과 확신을 가지고 메시아는 죽음을 자원하셨으며, 그 괴로움 중에서도 하나님을 향한 믿음 가운데 간절히 간구하고 계시는 것입니다.

*Chapter 2*

## 주의 거룩한 자로 썩지 않게

> 나를 훈계하신 여호와를 송축할찌라 밤마다 내 심장이 나를 교훈하도다 내가 여호와를 항상 내 앞에 모심이여 그가 내 우편에 계시므로 내가 요동치 아니하리로다 이러므로 내 마음이 기쁘고 내 영광도 즐거워하며 내 육체도 안전히 거하리니 이는 내 영혼을 음부에 버리지 아니하시며 주의 거룩한 자로 썩지 않게 하실 것임이니이다 주께서 생명의 길로 내게 보이시리니 주의 앞에는 기쁨이 충만하고 주의 우편에는 영원한 즐거움이 있나이다(시 16:7-11).

죽음의 깊은 고난 중에 하나님께 보호를 청해야 했던 메시아가 어떤 확신과 소망을 가지고 그리했는지를 밝히는 말씀이 계속됩니다. **"나를 훈계하신 여호와를 송축할지라 밤마다 내 심장이 나를 교훈하도다"**(7). 메시아가 고난받는 중에 하나님께서 자신을 가르치고 조언해 주신 일 때문에 앞으로 찬양하리라고 합니다. 하나님의 교훈은 메시아가 극한의 고통을 견딜 수 있도록 위로와 힘을 주는 가르침입니다. **"밤마다 내 심장이[18] 나를 교훈하도다"**. **"밤"**은 괴롭고 힘든 시기를

---

18 히브리어의 뜻은 '신장, 콩팥'이다. 성경에서 존재의 깊은 곳을 가리킬 때 '마음'과 '심장'이라는 단어와 함께 자주 등장한다.

겪는 어두운 순간을 상징하는 말로 메시아가 죽음의 고난 한가운데 처한 상황을 가리킵니다. 깊은 고통을 당하는 내내 하나님께서 메시아와 함께 하사 관련된 교훈을 말씀해 주셨습니다. 죄인을 향해 작정된 하나님의 진노를 죄인들 대신 남김없이 받는 메시아에게 진노를 내리는 주체이기도 하신 여호와 하나님이 함께 하사 교훈으로 돕고 계십니다. 단순히 고통을 면하게 하려는 목적이 아니라 이 죽음의 형벌을 온전히 감당할 수 있게 도우시는 것입니다. 죄인들을 구원하기 위해 반드시, 그리고 끝까지 감당해야만 하는 대속의 죽음임을 알리고 교훈하며 그 이후에 있을 구원의 결과를 말씀하심으로 십자가의 고통 중에도 흔들리지 않고 기꺼이 감당하게 하셨다는 말씀입니다.

8절이 그 점을 분명히 합니다. **"내가 여호와를 항상 내 앞에 모심이여 그가 내 우편에 계시므로 내가 요동치 아니하리로다"**(8). 이 구절의 참된 의미는 사도행전 2장에 잘 나타나 있습니다. 유대인들이 예수님을 못 박아 죽인 일을 두고 베드로 사도는 이 구절을 인용하여 설명합니다. 먼저 사도는 예수님이 사람들의 손에 의해 죽임을 당한 것처럼 보여도 실은 하나님의 섭리가 이미 그의 죽음을 예비하고 있었음을 알립니다. **"이스라엘 사람들아 이 말을 들으라 너희도 아는 바에 하나님께서 나사렛 예수로 큰 권능과 기사와 표적을 너희 가운데서 베푸사 너희 앞에서 그를 증거하셨느니라 그가 하나님의 정하신 뜻과 미리 아신 대로 내어준 바 되었거늘 너희가 법 없는 자들의 손을 빌어 못박아 죽였으나"**(행 2:22,23). 예수님이 유대인들 앞에서 큰 권능과 기사와 표적을 베푸시며 자기가 메시아이신 증거를 보이신 것과 그들이 살기등등하여 로마를 이용해서 예수님을 십자가에 못 박아 죽인 것이 모두 하나님의 허용이 먼저 있었기 때문이라는 말입니다. 아무리 살기등등하게 나서도 하나님이 허용하지 않으셨다면 일어날 수 없는 일입니다.

사도는 말씀을 이어갑니다. "하나님께서 사망의 고통을 풀어 살리셨으니 이는 그가 사망에게 매여 있을 수 없었음이라 다윗이 저를 가리켜 가로되 내가 항상 내 앞에 계신 주를 뵈웠음이여 나로 요동치 않게 하기 위하여 그가 내 우편에 계시도다"(행 2:24,25). 시편 16편은 예수님이 죽음에 머물러 있지 않고 부활하실 것을 알리는 말씀이었다고 합니다. 특히 시편 16:8은 '하나님은 언제나 그러하셨듯이 예수님이 사망의 고통에 처해 있을 때도 그가 요동하지 않도록 예수님 우편에서 교훈하시고 계속 붙들어 주시는 것을 예수님이 친히 볼 수 있게 하셨다'는 뜻으로 다윗에게 알리셨다는 것입니다.

인간의 생각으로는 이해할 수 없는 하나님 사랑의 심오함을 엿보게 하는 말씀입니다. 예수님이 죽음의 고난을 당하고 계시는데 피하게 해 주시지 않고 그 형벌을 끝까지 잘 통과하도록, 하나님이 작정하신 죄에 대한 진노를 다 받기까지 인내하도록 교훈하시고 붙들어 주신다는 의미이기 때문입니다. 자기 자녀가 다른 사람을 대신해 사형선고 받도록 도와줄 부모는 아무도 없을 것입니다. 오히려 어쩌다 누명을 쓰고 피해를 보거나 고통을 당하면 억울해하며 분노를 참지 못하는 것이 당연한 심정일 것입니다. 그러나 하나님은 그렇게 하지 않으셨습니다. 수많은 사람이 메시아를 배반하여 떠나가도록 내버려두셨고, 하잘것없는 인간들이 하나님의 독생자를 조롱하고 뺨을 때리며 침 뱉고 채찍질하여 십자가에 못 박아 죽이도록 내버려두었습니다. 그러면서 메시아가 흔들리지 않게 하시려고 그의 우편에 계셨습니다. 당신의 외아들이 그 모든 고난을 남김없이 다 받도록 도우시며 훈계하고 계셨습니다. 잠시도 그 곁을 떠나지 않고 진노의 잔을 다 마실 때까지 함께 계셨습니다. 사람들이 쉽게 이해할 수 없는 전능하신 하나님의 섭리입니다. 놀랍게도 메시아는 그와 같이 자신을 도우시는 하나님을 찬양한다고 말합니다. 그 일이 가져오는 구원의 영광이 무엇인지 알기 때문입니다. 인간이 지은 죄에 대하여 엄정하게 처리하시면서도 죄를 지은 당사자를 살리시려는 하나님의 열심과 사랑이 메시아 자신의 죽음을 통해 완성될 것을 아셨기 때문입니다.

그 점을 더욱 구체적으로 말합니다. **"이러므로 내 마음이 기쁘고 내 영광도 즐거워하며 내 육체도 안전히 거하리니"**(9). 메시아가 고난 중에 확신하게 된 하나님의 약속이 무엇인지에 대한 고백입니다. **"내 마음이 기쁘고 내 영광도 즐거워하며"**는 심령 깊은 곳에서 기쁨을 가질 수 있었다는 말입니다. **"내 영광도 즐거워하며"**라는 말씀을 사도행전 2장에서는 이렇게 번역합니다. **"이러므로 내 마음이 기뻐하였고 내 입술도 즐거워하였으며"**(행 2:26), 입술은 혀와 함께 언어를 내는 부분입니다. 성경에서 그것은 마음의 창문으로 상징됩니다. 마음속 생각이 말로 표현된다는 점에서 혀나 입술은 마음의 증표인 것입니다. 따라서 **"내 마음이 기쁘고 내 영광도 즐거워하며"**는 메시아의 기쁨이 마음 깊은 곳에서 입술에 이르기까지 다 채웠다는 뜻입니다. 전심으로, 존재의 본질에서 솟아 나오는 근본적인 기쁨이 생겼다는 것입니다. 십자가에 못 박혀 죽어가는 상태에서 그러한 기쁨을 갖고 계셨습니다. 그 기쁨은 하나님의 교훈으로 갖게 된 특별한 소망과 무관하지 않습니다. **"내 육체도 안전히 거하리니"**라는 말씀이 그 점을 알려줍니다. 베드로 사도는 이것을 **"육체는 희망에 거하리니"**(행 2:26)라고 설명합니다. 내면적인 기쁨과 더불어 '육체에 대한 소망'도 갖고 계셨다는 말입니다.

그것은 다름 아니라 부활에 대한 소망입니다. **"이는 내 영혼을 음부**

에 버리지 아니하시며 주의 거룩한 자로[19] 썩음을 당치 않게 하실 것임이로다"(10). 죽어도 썩지 않으며 지옥에 영원히 있지 않고 부활하리라는 소망을 갖게 되었다는 것입니다. 하나님 아버지께서 죽음의 고난을 겪고 있는 메시아 우편에 서서 그 사실을 확신시켜 주셨습니다. 그것이 회개한 자들을 살리는 유일한 방편이어서 메시아에게 십자가에 못 박혀 죽는 형벌을 당하게 하면서도 다시 살리실 것을 약속하고, 그 사실을 확신시키고 계셨다는 말입니다. 그로 인해 메시아는 죽음의 고통 한 가운데서도 심령 깊은 곳에서 소망이 견고하게 되어 고통을 인내할 수 있었으며 장차 기쁨과 즐거움의 찬송을 드릴 것을 확신하게 되었습니다. 지난 시간에도 살펴본 것처럼 베드로 사도가 이 구절을 인용하며 제시한 설명과 같습니다. "형제들아 내가 조상 다윗에 대하여 담대히 말할 수 있노니 다윗이 죽어 장사되어 그 묘가 오늘까지 우리 중에 있도다 그는 선지자라 하나님이 이미 맹세하사 그 자손 중에서 한 사람을 그 위에 앉게 하리라 하심을 알고 미리 보는 고로 그리스도의 부활하심을 말하되 저가 음부에 버림이 되지 않고 육신이 썩음을 당하지 아니하시리라 하더니 이 예수를 하나님이 살리신지라 우리가 다 이 일에 증인이로다"(행 2:29-32). 이와 같은 시편을 남긴 다윗은 이미 죽어 장사 지낸 바 되어 몸이 썩었고 그 묘가 남아 있으므로 이 내용이 그에게 해당되지 않으며 오직 **"그 자손 중에서 한 사람을 그 위에 앉게"** 하실 것을 알리신 말씀이라 했습니다. 다윗은 자기 후손 중에서 이스라엘의 참된 통치자, 곧 모든 시대와 나라를 통틀어 하나님의 자녀가 될 자들의

---

19 **"주의 거룩한 자"**는 **"여호와께서 자기를 위하여 경건한 자를 택하신 줄 너희가 알지어다 내가 부를 때에 여호와께서 들으시리로다"**(시 4:3)에서 **"경건한 자"**와 같은 단어이며 두 구절이 다 메시아를 지칭한다.

영원하고도 진정한 통치자 한 분이 일어날 것을 알게 되었고 그 사실을 기록한 것이 시편 16편이라는 뜻입니다.

놀랍게도 그가 왕이 되시는 방식은 다른 왕들처럼 나라를 점령하고 백성들의 추앙을 받아서 되는 것이 아니었습니다. 자기가 먼저 죽는 것입니다. 그러나 썩지 아니하고 부활하심으로 하나님 나라의 왕위에 오르실 것입니다. 회개한 자들을 위해 죽음의 고난을 대신 당하고 다시 살아나심으로 죄사함 받은 자들의 머리요 왕으로 세움 받아 영원한 통치를 베푸실 것입니다. 하나님께서 다윗에게 그와 같은 장래의 역사를 미리 보여주셨습니다. 곧 하나님께서 메시아 우편에서 이와 같은 사실을 알려주심으로 죽음 가운데서도 소망을 가지고 찬송할 것을 다윗을 통해 고백하게 하신 것입니다.[20]

하나님은 죽음 가운데 있는 메시아에게 생명의 길을 계속해서 바라보게 하셨습니다. **"주께서 생명의 길로 내게 보이시리니 주의 앞에는 기쁨이 충만하고 주의 우편에는 영원한 즐거움이 있나이다"**(11). 하나님께서 부활은 단순히 육체가 썩지 않고 다시 살아나는 정도에 그치지 않는다는 사실을 계속해서 메시아에게 나타내 보이셨다는 뜻입니다. 부활은 이 세상 삶을 끊임없이 연장받는 것이 아닙니다. 훗날 예수 믿는 사람들도 메시아와 마찬가지로 받게 될 부활의 본질은 생명이요, 그

---

20  구약 백성이 그것을 봤다는 것은 어색한 일이 아니다. 예수님은 **"아브라함이 나의 때 볼 것을 즐거워하다가 보고 기뻐하였느니라"**(요 8:56)고 하셨고, 히브리서는 모세가 믿음으로 **"도리어 하나님의 백성과 함께 고난받기를 잠시 죄악의 낙을 누리는 것보다 더 좋아하고 그리스도를 위하여 받는 능욕을 애굽의 모든 보화보다 더 큰 재물로 여겼다"**(히 11:25, 26)라고 말한다 (신 18:15 참고). 아브라함이나 모세에게 그리하신 것처럼 다윗에게도 그리스도 예수를 알게 하신 것이다. 예나 지금이나 하나님은 자기 백성이 될 자들에게 예수 그리스도의 죽음과 부활과 주 되심을 믿게 하신다.

생명의 속성은 하나님과 함께 거함으로 기쁨이 충만하며 영원토록 즐거움을 누리는 것입니다. 만일 죽었다가 다시 살아나도 몸이 그대로요, 사는 세상도 그대로라면 굳이 살아날 필요를 느끼지 못하는 사람들이 많을 것입니다. 특히 거룩과 의로움을 추구하는 심령은 죽었다가 살아나도 지금과 똑같은 세상에 살게 된다면 살아난다 해도 기대할 바가 별로 없습니다. 그러나 부활 생명은 그렇지 않습니다. 지금은 죄를 완전히 떨쳐버리지 못하여 슬픔과 고통이 버무려진 불완전한 모습으로 완전한 하나님 나라를 멀리 내다보고 살지만 그때는 복되고 완전한 영광을 영원토록 잃지 않는 생명으로 삽니다. 하나님과 함께 살기에 죄가 전혀 넘볼 수 없고, 눈물과 애통, 걱정과 고통이 없으며, 거룩하고 완전한 즐거움과 참된 만족을 영원히 누리며 삽니다. 그와 같은 부활을 메시아가 먼저 얻으셔야 했습니다. 메시아가 먼저 죽고 부활하심으로 그를 믿는 가난한 자들도 부활 생명을 함께 누릴 수 있기 때문입니다.

하나님은 메시아에게 이와 같은 부활을 말씀하여 주심으로 메시아가 흔들리지 않도록 붙들고 계셨습니다. 메시아는 십자가 죽음의 고통을 이와 같은 가르침을 주시는 하나님을 의지하며 기꺼이 참아내셨습니다. 하나님의 계획이 그러하다는 것을 알고 죽음의 형벌을 당하던 중에도 기뻐하였고 부활 소망으로 가득 차 **"나를 훈계하신 여호와를 송축할지라"** 고 하면서 찬송을 올려드렸습니다. 메시아에게는 자신이 당한 억울한 죽음이나 그로 인한 고통이 문제가 아니었습니다. 이 죽음을 통해 하나님께서 이루실 놀라운 구원의 역사와 그 이후에 누릴 영원한 영광이 죽음을 기꺼이 맞이할 힘이자 즐거움이었습니다. 부활 생명을 누린다는 사실이 더할 나위 없는 기쁨이었고 소망이었으며, 진노의 잔을 기꺼이 마실 수 있는 가치였습니다. 본문은 이처럼 메시아가 하나님께 피하여 보호를 요청해야만 하는 죽음의 고난을 받을 때 어떤 믿음과 소망이 있었는지를 보여줍니다.

　이러한 시편을 통하여 우리에게 주시고자 하는 근본적인 목적은 하나님 나라의 참된 왕이 어떤 분이신지를 명확히 알게 하여 구원 얻는 믿음을 갖게 하려는 것입니다. 베드로 사도가 전하는 바와 같습니다. "그런즉 이스라엘 온 집이 정녕 알지니 너희가 십자가에 못박은 이 예수를 하나님이 주와 그리스도가 되게 하셨느니라"(행 2:36). 십자가에 못박혀 죽으시고 살아나신 예수님이 회개하는 모든 죄인의 주님이요 하나님의 기름부음 받은 통치자이심을 분명히 기억하라는 명령입니다. 일반적으로 사람들은 힘과 권력을 가지고 모든 나라를 제압하고 우뚝 선 자가 왕으로 칭함받기에 적절하다고 생각합니다. 그러나 하나님 나라의 왕은 그 권세를 드러내기 전에 먼저 사람들에 의해 비참한 죽음을 당할 것이며, 부활 생명에 대한 소망으로 기꺼이 죽음을 당하고 부활하사 하나님의 대리통치자요 만유의 주의 자리에 오르실 것입니다. 시편 2편에서 "내가 나의 왕을 내 거룩한 산 시온에 세웠다 하시리로다 내가 영을 전하노라 여호와께서 내게 이르시되 너는 내 아들이라 오늘날 내가 너를 낳았도다 내게 구하라 내가 열방을 유업으로 주리니 네 소유가 땅끝까지 이르리로다 네가 철장으로 저희를 깨뜨림이여 질그릇같이 부수리라 하시도다"(시 2:6-9)라고 선포하신 왕은 바로 이 길을 걸으신 분임을 잊지 않아야 합니다. 베드로 사도가 전하는 것처럼 시편 16편의 말씀은 십자가에 못박혀 죽은 그분이야말로 모든 인류가 주와 그리스도로 알고 의뢰하며 순종해야 할 참된 왕이심을 분명히 믿을 수 있도록 돕고 있습니다. 말씀이 그 믿음을 갖게 하는 참된 양식입니다.

말씀 묵상하며 시편찬송 부르기

# 주여 날 지켜주소서

시편 16 (1)

MEDFIELD, C.M.

시편 강해 II 가난한 자들을 잊지 마옵소서

# 시편 17편

흠을 찾지 못하셨으니
주의 인자를 나타내소서
깰 때에 주의 형상으로

Psalms

## Chapter 1

## 흠을 찾지 못하셨으니

여호와여 정직함을 들으소서 나의 부르짖음에 주의하소서 거짓되지 않은 입술에서 나오는 내 기도에 귀를 기울이소서 나의 판단을 주 앞에서 내시며 주의 눈은 공평함을 살피소서 주께서 내 마음을 시험하시고 밤에 나를 권고하시며 나를 감찰하셨으나 흠을 찾지 못하셨으니 내가 결심하고 입으로 범죄치 아니하리이다 사람의 행사로 논하면 나는 주의 입술의 말씀을 좇아 스스로 삼가서 강포한 자의 길에 행치 아니하였사오며 나의 걸음이 주의 길을 굳게 지키고 실족지 아니하였나이다 (시 17:1-5)

16편은 사망의 고통을 겪고 있는 메시아가 하나님께 보호를 요청하면서도 자기의 죽음이 하나님과 사람을 사랑하여 당한다는 사실을 밝혔습니다. 하나님이 그러한 메시아를 도우사 메시아는 부활과 그 이후에 누릴 참 생명의 영광을 누릴 소망으로 오히려 하나님을 찬송한다고 했습니다.

표제가 **"다윗의 기도"**인 17편도 자세히 보면 16편처럼 메시아와 관련된 내용입니다. 다윗이 선지자의 관점에서 기록한 것입니다. 이후에 다른 증거도 언급하겠지만 1절부터 그 점을 발견할 수 있습니다. 우리말 성경 **"여호와여 정직함을 들으소서"**에서 **"정직함"**의 히브리어는 대부분 '의로움'으로 번역되는 단어입니다. 15절에서 **"나는 의로운 중에**

주의 얼굴을 보리니"라고 할 때 **"의로운"**이라는 말과 같은 단어입니다. '의로움'은 근본적으로 죄가 없어 하나님 나라에 거하기에 적합하다고 인정받은 수준을 말합니다. 다윗의 의가 아무리 뛰어나도 감히 하나님 앞에 당당히 내세울 수는 없는 일입니다. 완전한 거룩 가운데 거하시는 하나님께 자기 의를 판단하시라고 말할 수 있는 사람은 아무도 없습니다. 아마도 그런 점에서 다윗이 자기를 의롭다고 말하는 것으로 이해하기가 어색하여 **"정직함"**으로 번역한 듯합니다. 하지만 '의로움'이라는 원문을 그대로 반영하면 이 시편은 선지자 다윗의 입을 빌려 훗날 오실 메시아를 상징하는 내용임을 알 수 있습니다. 다윗이 선지자 자격으로 메시아의 일을 미리 내다보고 기록한 것입니다. 또 15절에서 **"깰 때 주의 형상으로 만족하리이다"**라는 말씀이 부활 후에 이루어질 일을 의미한다는 점도 이 시편이 여전히 죽음의 고난 한 가운데서 이루어진 내용임을 알게 합니다. 고난 가운데서 메시아가 행하셨던 구원의 열심이 어떤 것인가를 여기서도 계속 밝히고 있는 것입니다.

그와 같은 흐름에서 5절까지는 메시아가 자신이 죄 없는 몸으로 죽임당했음을 주장합니다. **"여호와여 정직함을(의로움을) 들으소서 나의 부르짖음에 주의하소서"**(1). 나의 의로움을 보시고 내가 의로운 자로 부르짖는 기도를 들어주시라는 말씀입니다. 하나님께 이렇게 말할 수 있는 자는 두 부류밖에 없습니다. 바리새인처럼 율법 수준을 낮게 여기며 자기는 그것을 다 지켰다고 생각하는 자든지, 아니면 진실로 이렇게 말할 수 있는 자격이 있는 자든지 둘 중 하나일 것입니다. 메시아 외에는 누구도 이렇게 말할 자격이 없습니다. 다윗은 자신의 온전함을 얘기한 것이 아니라 메시아를 예표하여 이렇게 말한 것입니다. **"거짓되지 않은 입술에서 나오는 내 기도에 귀를 기울이소서"**(1). 메시아가 이같이 하나님께 기도 들어주시기를 구하면서 자신의 의로움을 주장하는 것은 하나님은 온전히 의로운 자의 기도를 거절하지 않는 분이심을 알기 때문입니다. 하나님이 살피셔도 자기의 의로움은 흠이 없을 것이며, 그와 같은 신분으로 하나님께 올리는 청원이므로 반드시 들어주시라는 뜻입니다. 기도의 내용이 무엇인지는 아직 밝히지 않는 가운데 이처럼 기도로 요청할 지위와 자격이 있음을 먼저 밝힙니다.

2절에서도 계속됩니다. **"나의 판단을 주 앞에서 내시며 주의 눈은 공평함을 살피소서"**(2). '주 앞에서 나의 공정함이 드러나게 하시며 주의 눈은 공평함을 살피소서'라는 뜻입니다. 하나님의 엄위로우신 눈으로 살피셔도 자기에게서 부당한 판결이나 공정하지 못한 모습을 발견할 수 없으리라는 고백입니다. 죄인인 인간은 감히 하나님께 내세울 수 없는 제안입니다. 이렇게 말하는 순간 오히려 그 사람은 심판을 초래하는 죄를 짓는 격입니다. 그러나 특별하신 한 분 메시아는 이런 일이 가능합니다. 하나님 앞에 자기의 무죄를 철저하게 주장하실 수 있습니다.

메시아는 자기 마음에도 전혀 죄가 없음을 밝힙니다. **"주께서 내 마음을 시험하시고 밤에 나를 권고하시며 나를 감찰하셨으나 흠을 찾지 못하셨으니 내가 결심하고 입으로 범죄치 아니하리이다"**(3). 하나님께서 자신의 마음을 모조리 살펴보셨어도 죄를 발견치 못했다는 말입니다. **"시험하시고"**는 '검사한다'는 뜻입니다. 하나님이 마음을 검사하셔도 죄가 없다는 말입니다. **"밤"**은 희생제물로 죽임당한 상태를 암시합니다(시 16:7 참조). '권고하다'는 '세어보다, 살펴보다'라는 뜻입니다. **"밤에 나를 권고하시며"**는 메시아가 희생제물이 되어 죽음 가운데 있을 때 하나님이 흠이 있는가를 살펴보셨다는 뜻입니다. 그뿐만 아니라 '감찰하셨다'라는 말은 '시험해보다, 정련하다'는 의미로 제물에 흠이 있는지 없는지 철저히 조사해 봤다는 말입니다. 그런데도 하나님이 내 생각에서 흠을 찾지 못하셨으며, 내 입도 범죄하지 않았다고 합니다. 우리말 성경은 "내가 결심하고 입으로 범죄치 아니하리이다"라고 하여 앞으로 어떻게 하겠다는 결심을 말하는 것처럼 번역했지만 원문의 의미는 '생각이나 입으로 범죄한 적이 없다'는 뜻입니다. 하나님 앞에서 죽음의 고난을 당하고 있는 메시아 자신은 마음에서 입술에 이르기까지 죄를 지은 적이 없다는 사실을 분명히 밝히고 있습니다. 심지어 하나님께 버림받는(마 27:46, 막 15:34) 최악의 상황에서도 하나님의 영광을 훼손하는 죄가 될 만한 어떤 원망이나 불평도 하지 않았음을 나타냅니다.

메시아는 그처럼 마음과 입술뿐만 아니라 행위도 죄가 없었음을 고합니다. "**사람의 행사로 논하면 나는 주의 입술의 말씀을 좇아 스스로 삼가서 강포한 자의 길에 행치 아니하였사오며**"(4). 이 구절은 시편 1편을 반영합니다. 의인을 정의할 때 "**복 있는 사람은 악인의 꾀를 좇지 아니하며 죄인의 길에 서지 아니하며 오만한 자의 자리에 앉지 아니하며 오직 여호와의 율법을 즐거워하여 그 율법을 주야로 묵상하는 자로다**"(시 1:1,2)라고 하였습니다. 하나님 나라는 이 법을 완전하게 순종하는 자만 백성으로 받을 수 있다는 의미입니다. 이 기준에 의하면 그 누구도 하나님의 백성이 될 수 없습니다(시 2:1-3). 하지만 메시아 자신은 이에 합당한 행실을 보였다는 뜻입니다. 하나님의 율법을 떠나 죄악된 일은 추구하지도 않았고, 행한 적도 없다는 것입니다. 모든 사람이 실패한 율법 순종을 자신은 온전히 행했다고 말합니다. "**나는 주의 입술의 말씀을 좇아 스스로 삼가서 강포한 자의 길에 행치 아니하였나이다**"라는 말씀은, 메시아 자신이 자원하는 마음으로 하나님의 거룩하신 율법을 철저하고 완전하게 지켰다는 뜻입니다. 죄라고 판정된 길은 걸어가지도 않았으며 악한 일을 행한 적도 전혀 없다고 합니다. "**길**"은 복수 형태로 여러 개로 난 작은 오솔길을 의미합니다. 악인의 꾀에 한 번도 마음을 빼앗긴 적이 없었으며, 죄인의 길이라면 사소한 길에도 들어선 적이 없었다는 것입니다. 죄냐 아니냐를 판단하는 율법의 기준을 자기 마음대로 정하고서 적당히 지내는 사람들과는 완전히 다른 길을 걸었음을 고하고 있습니다.

　더 나아가 **"나의 걸음이 주의 길을 굳게 지키고 실족지 아니하였나이다"**(5)라고 합니다. 이것은 4절과 병행되는 동시에 시편 1편 2절과도 일맥상통합니다. 자신이 살아온 과정은 1편에서 복 있는 사람을 가리켜 **"오직 여호와의 율법을 즐거워하여 그 율법을 주야로 묵상하는 자로다"**(시 1:2)라고 하는 말씀에 정확히 일치한다는 것입니다. '강포한 자의 작고 많은 오솔길'(4)에는 한 번도 발을 들여놓지 않은 대신 하나님이 인정하신 믿음의 길들은 어떤 길이라도 반드시 다 걸었다는 것입니다. 율법이 지정해 놓은 길, 그것이 마음의 일이든, 실제 행위의 길이든 조금도 동요되지 않고 흔들림 없이 걸었으며 하나님이 명하신 것이라면 한 번도 곁길로 나간 적 없이 적극적으로 다 성취했다고 합니다.

　메시아는 이와 같은 말로 하나님께 고하고 있습니다. 1편에서 말한 복 있는 사람, 율법에 온전히 선 사람, 하나님 나라에 거할 자격이 있는 사람이 있다면 마음에서나 행위에서나 완전한 의를 가진 자신임을 아뢰는 것입니다. 메시아가 이렇게 자신의 죄없음을 주장하는 이유는 무엇입니까? 단순히 자기 의를 자랑하려는 의도로 하신 일이 아닙니다. 깊은 의미가 있습니다. 곧 자기의 죽음이 회개한 죄인들의 죄를 대속할 만한 흠 없는 제물임을 하나님께 먼저 아뢰는 것입니다. **"주께 피하는 자를 그 일어나 치는 자에게서 오른손으로 구원하시는 주여 주의 기이한 인자를 나타내소서"**(7)라는 말씀에서 그 점을 확인할 수 있습니다. 아무 의가 없어 오직 은혜만을 바라는 자, 죄만 잔뜩 지은 몸으로 그저 하나님께 피하는 길밖에 다른 길이 없는 자들이 하나님의 긍휼만을 바라고 나올 때 그들에게 기이한 인자를 나타내 주시라고 구합니다. 이와 같은 간구를 하나님이 들어주시기 위해선 두 가지가 필요합니다. 우선 간구하는 이가 의로워야 하고 또 죄인들을 속량할 제물이 흠이 없어야 합니다. 그 일을 메시아가 홀로 이루고 계십니다. 완전한 의인이신 분이 흠 없는 제물이 되어 죽으시고 그 자격으로 하나님 앞에 나아가 회개하는 자들의 죄를 사하고 하나님의 백성으로 삼아주시라고 구하는 것입니다. 자기의 의로움에 대해 자세히 고하는 메시아의 고백은 자신이 바로 그에 합당한 흠 없는 제물이자 하나님께서 항상 함께하시는 참 경건한 자임을(시 4:3, 16:10) 알리고 있습니다.

이는 이미 제사법을 통해 예표 되었던 바입니다. 특히 레위기에서 이스라엘 백성들이 죄를 지었을 때 어떻게 사함받을 수 있는지를 알리셨습니다. 사람이 죄를 지으면 마땅히 죽을 수밖에 없으나 하나님은 사람이 피할 길을 마련하셨습니다. 제물이 대신 피 흘려 죽게 함으로 죄를 용서받는 것입니다(레 4:13-20). 제물을 위해 짐승을 잡아 피를 흘리고 각을 떠서 불에 태우는 모습을 보고 **"여호와께 향기로운 냄새니라"**(레 1:9, 13, 17, 2:2, 9 외 다수)라고 여러 차례 강조하여 말씀하셨습니다. 제물로 선택된 짐승이 처참하게 찢겨 죽임당하고 피를 흘리며 불에 태워지는 모습 자체는 사람이 보기에도 아름답거나 향기로운 일이라 할 수 없습니다. 굳이 동물애호가가 아니더라도 그 모습을 즐겁게 보거나 향기 좋다고 할 수 없습니다. 거기다가 이 제사 의식이 성자 하나님의 죽음을 예표한다는 사실은 하나님께도 가장 큰 고통거리일 수밖에 없습니다. 그런데도 끔찍한 제물의 상태를 **"여호와께 향기로운 냄새니라"**고 하신 것은 특별한 의미가 있음을 알게 합니다. 곧 하나님은 이와 같은 희생 제물만 죄를 사하기에 충분한 대가로 여기시고 만족하신다는 점입니다. 아들의 비참한 죽음 자체는 절대 즐거운 일이 아니지만, 짐승의 피로 예표된 메시아의 죽음을 통해 죄인들이 깨끗함을 얻어 의인의 회중에 들어가는 것을 보고 기뻐하신다는 것입니다. 짐승을 죽여 살을 태워 바치는 제물처럼 메시아가 끔찍한 고통 속에 당하는 죽음만이 죄인들을 깨끗이 씻어 의인 되게 하기에 충분한 대가로 인정하신다는 의미입니다. 하나님은 우리의 죄가 태워 없어지는 것을 기뻐하시는 것입니다.

그러나 이와 같이 죄를 사하시는 하나님을 만족시키는 제물이 되기 위해선 특별한 조건이 하나 필요했습니다. 흠이 없어야 한다는 것입니다. **"이스라엘 자손이나 그 중에 우거하는 자가 서원제나 낙헌제로 번제를 여호와께 예물로 드리려거든 열납되도록 소나 양이나 염소의 흠 없는 수컷으로 드릴지니 무릇 흠 있는 것을 너희는 드리지 말 것은 그것이 열납되지 못할 것임이니라 무릇 서원한 것을 갚으려든지 자의로 예물을 드리려든지 하여 소나 양으로 화목제 희생을 여호와께 드리는 자는 열납되도록 아무 흠이 없는 온전한 것으로 할지니"**(레 22:18-21). 제사를 드려도 흠 있는 제물로 드리면 아무 소용이 없습니다. 제물로 드려지는 동물은 율법이 정해놓은 여러 가지 조건에서 흠이 없는 것이어야 했습니다(레 22:22-25). 제사장도 마찬가지입니다(레 21:17-21). 제사장과 제물에 관한 이러한 규례는 죄 없으신 메시아의 피 흘려 죽으심에 대한 예표였습니다. 훗날 메시아가 흠 없는 제물과 의로우신 참 대제사장이 되심으로 그를 믿는 죄인들의 모든 죄를 사해 주실 것을 미리 알리신 것입니다. 본문은 메시아 자신이 그 자격을 가졌음을 고하는 내용입니다. 제사장이 제물을 들고 성소에 나아가 하나님께 바치고 백성들의 죄를 사해 주시기를 구한 것처럼, 메시아는 자신이 의로운 참 대제사장이시자 흠 없는 자기 목숨을 제물로 삼아 하나님 앞에 보이시고 죄인들을 위해 구하신다는 것입니다. 나의 의로운 목숨을 흠 없는 제물로 하나님께 드리오니 저들에게 기이한 인자를 보여주시어 영생에 이르게 해 주시기를 기도하는 것입니다. 그런 의미에서 메시아는 자신의 죄없음을 고하고 있습니다. 심판을 면하고 주의 백성이 되는 유일한 길이 바로 이와 같이 죽으시고 간구하신 메시아에게 있습니다. 아들을 죽음에 내어주신 하나님의 깊은 섭리와 흠 없는 제물이 되신 메시아의 간구가 우리를 구원할 참되고 유일한 능력이 됩니다. 이와 같은 사실을 깨닫고 붙잡는 자가 든든한 구원의 확신 가운데 거할 수 있습니다.

*Chapter 2*

## 주의 인자를 나타내소서

> 하나님이여 내게 응답하시겠는고로 내가 불렀사오니 귀를 기울여 내 말을 들으소서 주께 피하는 자를 그 일어나 치는 자에게서 오른손으로 구원하시는 주여 주의 기이한 인자를 나타내소서 나를 눈동자 같이 지키시고 주의 날개 그늘 아래 감추사 나를 압제하는 악인과 나를 에워싼 극한 원수에게서 벗어나게 하소서 저희가 자기 기름에 잠겼으며 그 입으로 교만히 말하나이다 이제 우리의 걸어가는 것을 저희가 에워싸며 주목하고 땅에 넘어뜨리려 하나이다 저는 그 움킨 것을 찢으려 하는 사자 같으며 은밀한 곳에 엎드린 젊은 사자 같으니이다(시 17:6-12)

메시아가 자신의 의로움을 하나님께 고한 것은(시 17:1-5) 자기 죽음이 죄인들을 용서하기에 합당한 흠 없는 제물임을 아뢴다는 의미입니다. 제사법에서 예표한 것처럼 하나님께서 죄인을 용서하고 구원하시기에 충분한 제물을 올려드린다는 것입니다. 하나님은 흠 없는 제물을 들고 나온 대제사장의 간구를 반드시 들어주시기 때문입니다.

    메시아는 이제 하나님께 자신의 간구가 무엇인지를 말씀드리면서 하나님의 성품을 먼저 언급합니다. **"하나님이여 내게 응답하시겠는고로 내가 불렀사오니 귀를 기울여 내 말을 들으소서"**(6). 의로운 대제사장이 흠 없는 제물을 들고 하나님 앞에 나와 백성들을 위해 간구할 때 하나님은 반드시 들어주시는 성품임을 알고 있으니 이제 말씀드리겠다는 것입니다. 참되고 유일한 중보자요 큰 대제사장의 자격과 권한을 가진 메시아가 흠 없는 자기의 죽음을 제물로 들고 하나님께 구할 바를 아뢰며 응답해 주시기를 구합니다.

그 기도는 다음과 같습니다. **"주께 피하는 자를 그 일어나 치는 자에게서 오른손으로 구원하시는 주여 주의 기이한 인자를 나타내소서"**(7). **"주께 피하는 자"**와 **"일어나 치는 자"**의 히브리어는 다 복수 형태입니다. 원문을 따라 정확하게 말하면 '주께 피하는 자들을 일어나 치는 자들에게서 오른손으로 구원하시는 주여 주의 인자를 나타내소서'라는 뜻입니다. 이는 단지 다윗이나 여느 개인이 곤란한 상황에서 기도하면 도와주시라는 정도에 그치는 간구가 아닙니다. 메시아가 자신이 흠 없는 제물임을 아뢰면서 이와 같은 하나님의 성품을 밝히는 것은 회개하는 자들을 죄의 세력에서 구원해 주시기를 구하는 것입니다. 자기 죄로 죽을 수밖에 없는 자들이 도움을 바라며 하나님께 피하러 나올 때 크신 권능으로 능히 구원해 주시는 분이므로 그들을 구원해 주시기를 바라는 것입니다. 그 구원에 '주님의 인자'가 필요한 이유는 '주께 피하는 자들'은 구원받을 만한 자기 의가 없기 때문입니다. 오직 하나님이 인자를 베풀어 주셔야만 그들의 죄를 용서받고 죄의 비참한 결말에서 벗어날 수 있습니다. 그런 의미에서 하나님의 인자를 분명히 나타내 주시길 구하는 것입니다.

그런 다음 메시아는 이렇게 기도합니다. **"나를 눈동자같이 지키시고 주의 날개 그늘 아래 감추사 나를 압제하는 악인과 나를 에워싼 극한 원수에게서 벗어나게 하소서"**(8, 9). '주께 피하는 자들'을 능히 구원하시는 하나님의 인자를 청원하면서 구체적으로는 먼저 **"나"**를 지켜주시기를 구합니다. 이 흐름에는 문학적 장치를 통한 특별한 의미가 담겨 있습니다. 메시아는 자신을 주께 피하는 죄인들과 일치시키고 있습니다. "**나**"와 '그들'을 교차로 언급하는 방식을 통해 서로 연합 관계임을 나타냅니다. '주께 피하는 자들'을 언급한 뒤에 8, 9절에서는 "**나**"를 구해 주시기를 구했다가 11절에서는 "**우리**"라고 표현합니다. '주께 피하는 자들'과 흠 없는 제물을 들고 하나님 앞에 죄인들의 구원을 청원하는 메시아인 "**나**"를 하나로 묶어 "**우리**"라고 묘사하는 것입니다. 그와 같은 방식으로 메시아는 자신과 주께 피하는 자들이 연합된 관계임을 알게 합니다.

이러한 문학적 장치는 악인들을 묘사하는 방식에서도 확인됩니다. '주께 피하는 자들'을 치는 악한 자들에 관해서 처음에는 복수로 묘사하다가(7, 9, 10, 11절) 뒤에서는 단수로 표현합니다(12, 13절)[21]. 악인들이 우두머리를 필두로 무리를 이루어 메시아와 그 백성들을 해하려 합니다. 메시아는 자기 백성들과 하나이지만 마귀는 자신에게 속한 악한 세력들과 하나입니다.

이와 같은 상황에서 '하나님이 나를 지키시고 나를 주의 날개 그늘에 감추사 악인과 극한 원수에게서 벗어나게 해 주시라'고 구하는 것은 단순히 "**나**"만을 위한 것이 아니라 "**우리**"를 구원하시는 것임을 알게 합니다. 죄인들을 대신하여 죽은 메시아를 부활하게 하시고(시 16:10, 11) 하나님의 보좌 우편에 앉게 하시는 것이 자기 의가 없어 주님의 인자만을 바라고 피하는 자들을 살리는 유일한 길입니다. 본 시편 마지막 절이 "**나는 의로운 중에 주의 얼굴을 보리니 깰 때에 주의 형상으로 만족**

---

21 "**일어나 치는 자**"(7), "**악인**", "**극한 원수**"(9절), "**자기 기름에**", "**그 입으로**"(10절), "**에워싸며 주목하고**"(11절)의 히브리어는 모두 복수 형태이며, "**저가**"(12절), "**저를**", "**악인에게서**"(13절)는 단수 형태이다.

하리이다"(시 17:15)라는 부활 소망으로 마무리된다는 점도 그러한 의미를 뒷받침합니다. 메시아 본인이 죽음에서 부활하는 것이 '주께 피하는 자들'도 함께 생명을 얻는 일입니다. 메시아는 회개하는 죄인들을 자기와 하나로 여기십니다. 머리와 몸이 긴밀히 연결된 것처럼 성령 안에서 하나로 살아있는 연합 관계입니다. 시편의 독특한 문학적 장치를 사용하여 그러한 의미를 전달하고 있습니다.

그렇기에 흠 없이 완전한 의인만이 할 수 있는 요청을 하나님께 담대히 아뢴 것은 눈동자처럼 예민하게 보호해야 하는 대상이 메시아일 뿐만 아니라 그와 연합된 백성들이기도 하다는 뜻입니다. 메시아를 지키시는 것은 그와 연합된 '주께 피하는 자들'을 보호하는 것과 같습니다. **"나를 압제하는 악인과 나를 에워싼 극한 원수에게서 벗어나게 하소서"**라는 요청도 마찬가지입니다. **"극한 원수"**는 '영혼의 원수'라는 의미입니다.[22] 단순히 육체적이고 물리적인 차원에서 고통을 안기는 악인들에 관한 이야기가 아닙니다. 보다 영적인 차원의 고통을 이와 같은 상징으로 묘사한 것입니다. 영혼까지 압제하고 죽이려 하는 악인과 원수에게서 벗어나게 해 주시라는 기도입니다. 주의 백성을 죄와 사망으로 끌고 가려는 악한 세력에서 벗어나게 해 주시라는 뜻입니다. 문맥에서 보면 이미 메시아는 자기 목숨을 제물로 들고 하나님께 나아가 기도하는 중입니다. 단순히 육체적으로 대적들에게 둘러싸여 칼과 창으로 위협을 받는 곤란한 상황에서 구해 주시라는 의미가 아닙니다. 군사적 상황을 상징으로 하여 주의 백성들이 처한 영적인 위기 상황에서 벗어나게 해 주실 것을 구하는 것입니다.

22  히브리어 אֹיְבַי בְּנֶפֶשׁ는 '영혼 안에서 원수'로 직역된다. '치명적인 원수'라는 의미에서 '생명을 노리는, 죽이려 하는' 원수로 번역하기도 한다.

그런 다음 메시아와 하나 된 백성들을 노리는 악인들과 원수들에 대해 묘사합니다. **"저희가 자기 기름에 잠겼으며 그 입으로 교만히 말하나이다"**(10). 자기 기름에 잠겼다는 것은 교만하여 마음이 비대해져서 하나님의 지혜와 말씀을 멸시한다는 뜻입니다. 자기를 스스로 높이고 자기 힘으로 무엇이든 다 가질 수 있다고 생각하는 사람을 가리킵니다. 교만히 말한다는 것은 거드름을 피우며 사람을 존중하지도 않고 심지어 하나님도 두려워하지 않는다는 뜻입니다. **"저희 마음은 살쪄 지방 같으나 나는 주의 법을 즐거워하나이다"**(시 119:70)와 같습니다. 마음이 비대해진 것과 주의 법을 즐거워하는 것을 대조하고 있습니다. 자기를 지으신 하나님의 존재와 그 말씀을 무시할 정도로 교만해진 것을 '자기 기름에 잠겼다'는 말로 표현하는 것입니다. 이처럼 스스로 하나님께 불순종하는 자들이 메시아와 그 백성들의 참된 원수임을 밝히고 있습니다. 자기를 지으신 하나님을 대적하고 무시하도록 종용하는 사람이나 세력이 '압제하는 악인들'이요 '나를 에워싸고 영혼까지 노리는 원수들'입니다.

그들은 악행을 저지르는 일에 끈질깁니다. **"이제 우리의 걸어가는 것을 저희가 에워싸며 주목하고 땅에 넘어뜨리려 하나이다"**(11). 원수들이 성도들을 '땅에 넘어뜨리기 위해', 즉 기회만 되면 하나님을 무시하고 배반하여 사망의 구덩이에 빠지게 하려고 애쓰고 있다는 뜻입니다. 그들의 목적은 성도들을 영적 사망에 이르게 하는 것입니다. 메시아는 회개한 신자들이 이와 같은 세력에서 벗어나기를 자기 피를 제물로 드리면서 하나님께 구합니다. 성도들에게 하나님을 대적하도록 끈질기게 협박과 유혹과 미혹으로 애쓰는 교만한 세력들의 영향력에서 벗어나게 해 주시라는 것입니다.

원수들은 강력하기도 합니다. **"저는 그 움킨 것을 찢으려 하는 사**

자 같으며 은밀한 곳에 엎드린 젊은 사자 같으니이다"(12). 앞에서 복수 형태로 지칭했던 악인들과 원수들에 대해 여기서는 별다른 이야기 없이 단수인 한 명으로 묘사합니다. 악한 세력과 원수들이 한통속이며 결국 그 근원이 하나라는 뜻입니다. 즉 죄의 양상이 어떻게 나타나든지 간에 그 근본 배후에는 하나로 볼 수 있는 존재가 도사리고 있다는 것입니다. 이들은 단순히 한 시대의 악한 무리만 가리키지 않습니다. 모든 시대의 성도들을 영혼까지 멸하려 하는 끈질기고 강력한 세력을 의미합니다. 그렇게 볼 때 결국 이 세력은 공중 권세 잡은 자 마귀에게로 귀결됩니다. 성도들을 하나님께 불순종하게 해서 죄로 말미암아 사망에 이르게 하는 세력입니다. 특히 이 세력이 은밀한 곳에 엎드린 힘센 사자로 비유되고 있다는 점은 그 사실을 더욱 분명히 합니다.

사도들은 종종 마귀를 사자로 비유했습니다. 베드로 사도는 첫 번째 서신에서 이렇게 말했습니다. "근신하라 깨어라 너희 대적 마귀가 우는 사자같이 두루 다니며 삼킬 자를 찾나니 너희는 믿음을 굳게 하여 저를 대적하라"(벧전 5:8). 우리 눈에는 보이지 않는데도 불구하고 마귀가 우리 주변에서 활동하고 있으며 언제든지 우리를 지옥의 자식이 되게 하기 위해 두루 다니며 활동하고 있다는 사실을 밝힙니다. 우리를 죄에 빠지게 하는 원흉은 바로 이 마귀입니다. 바울 사도는 이렇게 밝혔습니다. "마귀의 궤계를 능히 대적하기 위하여 하나님의 전신 갑주를 입으라 우리의 씨름은 혈과 육에 대한 것이 아니요 정사와 권세와 이 어두움의 세상 주관자들과 하늘에 있는 악의 영들에게 대함이라"(엡 6:11, 12). 시편에서 한통속으로 묘사한 그대로입니다. 겉으로 보기에는 세상의 악한 모습들과 그것들을 이루는 죄인들밖에 없지만 모든 죄의 원흉은 눈에 보이지 않으며, 어두움의 세상 주관자들과 하늘에 있는 악의 영들이라 합니다. 그들의 우두머리가 마귀입니다. 우리 영혼을 노리고 에워싼 원수들은 이처럼 공중 권세 잡은 자 마귀와 그 밑에 있는 어두움의 세상 주관자들과 하늘에 있는 악한 영들이 한통속이 되어 이루어진 무리라는 말입니다.

그러므로 이 기도는 결국 메시아가 우리를 마귀의 손아귀에서 벗어나게 해 달라는 것임을 알 수 있습니다. 우리를 제압하여 하나님께 불순종하게 하는 마귀와 한통속인 모든 세력을 물리쳐 구원을 얻고 거룩을 이루는 자가 되게 해 주시라는 것입니다. 메시아가 이런 기도를 드린다는 것은 누구도 이런 죄의 세력에서 자기 힘으로 빠져나올 수 없기 때문입니다. 죄의 세력은 얼마나 강력한지 그것들이 신자를 에워싸고 덤비며 죄로 무너지게 하려고만 하면 사람은 스스로 거기서 헤어 나올 수 없습니다. 그래서 메시아는 흠 없는 제물이 되어 하나님께 나아가 우리의 구원과, 구원받은 백성으로 마귀의 꾐에 빠지지 않고 거룩하게 살게 해 주시기를 위해 기도한 것입니다. 훗날 예수님께서 베드로를 향해 **"시몬아, 시몬아, 보라 사단이 밀 까부르듯 하려고 너희를 청구하였으나 그러나 내가 너를 위하여 네 믿음이 떨어지지 않기를 기도하였노니 너는 돌이킨 후에 네 형제를 굳게 하라"**(눅 22:31, 32)고 하신 말씀과 같습니다. 베드로가 그리스도를 배반한 유다처럼 되지 않은 것은 베드로가 강해서가 아니라 예수님이 그를 위해 기도하심으로 하나님께서 사단에게 넘어가지 않도록 붙들어 주셨기 때문입니다. 주의 백성들이 마귀의 미혹에 넘어가 죄만 짓다가 지옥으로 가지 않고, 거룩을 추구하며 하나님을 예배하길 즐거워하는 것도 우리 믿음이 강해서가 아니라 예수님이 기도하셨기 때문입니다. 본문은 그 점을 미리 알려줍니다. 그것이 십자가에 달리신 예수님의 마음에 담긴 복된 소원이라고 시편이 이렇게 먼저 밝히고 있습니다. 자기 목숨을 흠 없는 제물 삼아 하나님 앞에 나아가 간구하신 것이 자기 백성들의 영원한 구원이며, 그것은 곧 자기를 구원해 주시는 것과 같음을 아뢰는 것입니다.

*Chapter 3*

## 깰 때에 주의 형상으로

여호와여 일어나 저를 대항하여 넘어뜨리시고 주의 칼로 악인에게서 나의 영혼을 구원하소서 여호와여 금생에서 저희 분깃을 받은 세상 사람에게서 나를 주의 손으로 구하소서 그는 주의 재물로 배를 채우심을 입고 자녀로 만족하고 그 남은 산업을 그 어린 아이들에게 유전하는 자니이다 나는 의로운 중에 주의 얼굴을 보리니 깰 때에 주의 형상으로 만족하리이다(시 17:13-15)

메시아는 자기 목숨을 흠 없는 제물로 하나님께 들고 나가 자기를 구원해 주시기를 기도하며 주님께 피하는 자들과 자신이 하나임을 밝혔습니다. 자기를 살리시는 것이 그들이 구원 얻는 길이기 때문입니다. 또한 자기를 해하려 하는 악한 세력의 본질에 대해서도 밝혔습니다. 성도들을 죄와 사망으로 끌고 가기 위해 한통속이 된 자들로, 어두움의 세상 주관자들과 하늘에 있는 악의 영들을 주관하는 마귀를 가리킵니다.

메시아는 이제 하나님 아버지께서 행동하시기를 요청합니다. **"여호와여 일어나 저를 대항하여 넘어뜨리시고 주의 칼로 악인에게서 나의 영혼을 구원하소서"**(13). 여호와께서 일어나신다는 것은 전쟁에서 반드시 승리한다는 사실을 의미합니다. 메시아는 하나님이 일어나셔서 악한 무리를 다 무너뜨려 주시라고 기도합니다. 전쟁에 능하신 여호와 하나님의 강력한 권세로 악인에게서 나의 생명을 구원해 주시라는 청원입니다. **"저를 대항하여"**라고 단수로 말한 것은 이미 확인한 대로 마귀를 필두로 한통속이 되어 성도들을 죄와 사망으로 끌고 가려는 악의 세력들 전체를 가리킵니다. 그와 대조되는 **"나의 영혼을 구원하소서"**도 마찬가지로 신자들과 공동운명체가 된 메시아를 가리킵니다. 메시아가 죽음에서 일어나야 회개한 백성들이 구원 얻는다는 뜻입니다. 그런 의미에서 **"주께 피하는 자들을 그 일어나 치는 자에게서 주의 오른손으로 구원하시는 기이한 인자를 나타내소서"**(7)라고 했던 메시아는 여기서 자기 영혼을 구원해 주시라고 기도하는 것입니다. 성도의 승리, 성도의 구원은 메시아의 승리 안에 포함되어 있습니다. 메시아가 죽음에서 부활하고 영광중에 승천하사 하나님 보좌 우편에 앉아 계신 것은 성도가 그대로 될 것을 미리 겪으신 것입니다. 그는 성도의 대표자입니다. 마치 아담 한 명이 범죄 했는데도 그 후손들이 모두 죄인으로 태어나는 것이나 다윗 한 사람이 골리앗을 이겼을 뿐인데도 온 이스라엘이 승리를 얻은 것과 같습니다. 메시아는 성도들의 대표입니다. 그래서 성도를 구원하기 위해 자기 영혼을 구원해 주시라고 기도하는 것입니다.

이어서 메시아는 독특한 방식으로 구원을 요청합니다. **"여호와여 금생에서 저희 분깃을 받은 세상 사람에게서 나를 주의 손으로 구하소서 그는 주의 재물로 배를 채우심을 입고 자녀로 만족하고 그 남은 산업을 그 어린 아이들에게 유전하는 자니이다"**(14). 이는 13절의 **"악인에게서 나의 영혼을 구원하소서"**와 긴밀하게 연결되어, 나를 넘어뜨리려 하는 악인에 대해 구체적으로 설명하는 내용임을 알게 합니다. '마귀와 한통속인 악인들은 이런 자들이기 때문에 이런 자리에서 나를 구해 주소서, 나와 하나된 내 백성들을 구원하소서'라는 뜻입니다. 그런 의미에서 13절에서는 단수 형태의 **"악인에게서"**가 쓰였지만 14절에서는 복수 형태의 '사람들'이 쓰였습니다. **"세상 사람"**의 원문은 '세상 사람들'이라는 복수 형태입니다. 이에 따르면, '여호와여 금생에서 그들의 분깃을 받은 세상 사람들에게서 나를 주의 손으로 구하소서 그들의 배는 주의 재물로 채워지고 그들은 자녀들로 만족하며 그들의 남은 산업을 그들의 어린아이들에게 넘겨줍니다'라고 할 수 있습니다.

움킨 것을 찢으려 하는 사자 같이 흉포한 대적들이 주의 백성을 무너뜨리려 하므로 주의 칼로 내 영혼을 구원해 주시라고 기도한 내용에 비하면 악인들의 실상을 밝히는 이 구절은 조금 이상해 보입니다. 그저 넘치도록 풍족하여 대대로 만족하며 사는 자들을 원수처럼 적대시하는 것처럼 보이기 때문입니다. 누가 풍족하게 산다고 해서 그 자체가 메시아와 성도들의 대적으로 심판받을 이유는 아닙니다. 하지만 이 구절이 주의 백성들이 미혹에 넘어가지 않아야 하는 마귀와 악인들의 실체를 말한다는 점을 생각하면 그 의미를 바로 알 수 있습니다. 마귀의 손에서 영혼이 구원받는다는 사실을 독특하게 설명하는 것입니다. 결론부터 말하자면 죽음 이후에 누릴 내세에 대한 소망 없이 이생에서 누리는 것을 전부로 아는 삶에서 벗어나게 해 주시라는 뜻입니다. 땅의 소유를 전부로 알고 끝내는 인생은 마귀와 악한 영들에게 철저히 지배당한 상태임을 함축하고 있습니다.

**"금생에서 저희 분깃을 받은 세상 사람에게서 나를 주의 손으로 구하소서"**는 내세에 대한 기대 없이 이 세상에서 누릴 몫을 다 누리다 끝나는 삶이 되지 않게 해 주시라는 것입니다. 이 세상에서 모든 것을 누려도 하나님 나라에 들어가지 못하는 자들을 악인과 동급으로 놓고 있습니다. 그들이야말로 은밀한 곳에 숨어 있다가 움킨 것을 찢으려 하는 강한 사자 같은 마귀와 그 무리에게 사로잡힌 자들이라는 뜻입니다. 메시아는 주의 백성들이 그와 같이 이생의 삶을 전부로 아는 악인들의 처지에 빠져 있지 않게 해 주시기를 구합니다. **"나를 주의 손으로 구하소서"** 라고 한 것은 주의 백성들이 자기와 하나이기 때문입니다. 자기를 구하시는 것이 그들을 구원하는 것과 같기 때문입니다.

악인들이 바라는 것은 이 세상의 소유가 전부입니다. 재물, 명성, 권세, 또는 어느 분야에서든 거기서 이루는 성공이 그들의 분깃입니다. 영원까지 이어지지 않고 이 땅에서만 누리다 끝날 무엇을 소유하는 것이 기대와 만족의 전부입니다. 그것을 넘치도록 풍성하게 소유하기도 했습니다. **"자녀로 만족하고 그 남은 산업을 그 어린아이들에게 유전하는 자니이다"**. 그들의 이름과 소유를 이어받을 자녀들이 있어 만족스러우며 또 그들에게 얼마든지 넘겨줄 만큼 소유가 풍성하다는 뜻입니다. 얼마나 부요한지 자신을 만족시킬 뿐 아니라 남은 것을 자녀들에게도 넘겨줄 정도입니다. 이러한 모습 자체는 아무런 문제가 없어 보입니다. 그러나 메시아는 이들을 악인들의 범주에 놓고 주의 백성들이 그런 삶에 빠지지 않게 기도하십니다. 이는 단순히 부유한 사람들 자체가 악인이라는 뜻이 아닙니다. 죽음 이후에 있을 영생을 배제한 채 땅에서 누리는 것을 전부로 아는 인생은 마귀에게 넘어간 악인들과 다르지 않다는 의미입니다. 마귀가 어떤 방식으로 세상을 사로잡고 있는지 알 수 있습니다. 마귀는 사람들을 이 세상에서 누리는 것이 전부라고 믿게 합니다. 어떻게 해서든지 죽음 이후의 세상과 그곳에 있는 하나님의 영광에 대해서는 눈길도 주지 못하게 하려고 합니다. 그 미혹에 넘어가면 이 세상에서 누리는 많은 것들에 대해 반드시 심판받게 되어 있습니다. 그래서 메시아는 주의 백성들을 그런 사람들과 같은 수준에 머물러 있지 않도록 구해 주시라고 기도하는 것입니다.

메시아는 하나님께서 이 기도에 응답해 주실 것을 확신하였습니다.

"나는 의로운 중에 주의 얼굴을 보리니 깰 때에 주의 형상으로 만족하리이다"(15). 부활을 확신하며 구원받은 자들을 악인들과 대조하고 있습니다. 성경은 죽음을 '잠'으로, 부활을 '깨는 것'으로 표현합니다. "그러나 이제 그리스도께서 죽은 자 가운데서 다시 살아 잠자는 자들의 첫 열매가 되셨도다"(고전 15:20)라는 말씀과 같습니다. 그리스도의 부활은 그를 믿는 자들 또한 부활하리라는 명백한 증거입니다. 특히 **"보리니"**, **"만족하리이다"**는 강한 의지를 나타내는 용법을 사용하고 있습니다. 반드시 의로운 중에 주의 얼굴을 볼 것이며 부활할 때 주의 형상으로 만족하리라는 뜻입니다. 이 세상에서 누리는 것으로 만족의 전부를 삼는 악인들과 달리 자기와 하나 된 주의 백성들이 장차 이와 같은 영광을 누릴 것을 확신한다는 것입니다.

그들은 **"의로운 중에 주의 얼굴을"** 볼 것입니다. 흠 없는 제물로 죽은 메시아를 부활하게 하시어 온전한 의로 하나님 보좌 우편에 앉히신 것처럼 그를 믿는 자들 또한 부활하여 점도 없고 흠도 없는 의인의 신분으로 주의 얼굴을 볼 것입니다. 금생에서 누리는 것을 만족의 전부로 삼는 악인들은 이 일에 전혀 관심을 두지 않습니다. 하지만 주의 백성들은 악인들과 달리 부활 후에 볼 주의 형상을 최고의 만족으로 삼고 사는 자들입니다. 의로운 자로 인정받아 주의 얼굴을 보는 것을 가장 큰 보물로 여기는 것입니다.

또한 그들은 **"깰 때에 주의 형상으로"** 만족하는 자들입니다. 부활 후에 주의 형상으로 완성될 것을 최고의 기쁨으로 삼는다는 말입니다. 사람은 처음에 하나님의 형상을 따라 지음받았습니다(창 1:26). 온전한 거룩과 의, 사랑과 지혜로 특징되는 하나님의 성품을 닮은 영광스런 피조물이었습니다. **"보시기에 심히 좋았더라"**(창 1:31)는 말씀은 하나님께서 만족스럽게 창조하셨다는 뜻입니다. 하나님의 형상을 닮았다는 점에서 거룩하신 하나님의 눈으로 보기에도 흡족한 피조물인 것입니다. 그러나 사람에게 주어진 하나님의 형상은 죄로 말미암아 파괴되었고 일 그러졌습니다. 아름답고 선하고 고귀한 하나님의 형상이 사람 안에서 흉측하고 악한 성품으로 변질되었습니다. 거룩과 의를 즐겨하던 성품에서 가증스러운 죄와 악을 거리낌 없이 행하기를 즐거워하는 성품이 되었습니다. 이 땅에 사는 동안 파괴된 형상에서 벗어날 수가 없습니다. 그러나 부활 후에는 다시 주의 형상을 회복할 것입니다. 첫 사람 아담이 받았던 고귀한 형상을 다시 입을 것입니다. 오히려 더 완전하고 신령한, 흠 없는 형상으로 변화될 것입니다. **"우리가 흙에 속한 자의 형상을 입은 것 같이 또한 하늘에 속한 자의 형상을 입으리라"**(고전 15:49). 주의 백성들은 악인들과 달리 자기에게서 주의 형상이 회복되기를 간절히 바라는 자들입니다. 이 점이 금생에서 자기 분깃을 다 받은 악인들과 극명하게 대비됩니다. 주의 백성들의 소망은 부활 후에 반드시 이루어질 것입니다.

메시아는 자기가 죽음에서 다시 살리심을 얻은 뒤에 이러한 일이 이루어질 것을 확신하고 있습니다. 자기 자신만을 위한 고백이 아닙니다. 메시아에게 일어난 일은 주의 백성들에게도 똑같이 일어날 것입니다. 자기와 하나 된 주의 백성들 모두가 다 이와 같은 영광을 입게 될 것을 확신한다는 뜻입니다. 땅에서 누리는 것을 전부로 삼고 거기에 만족하며 사는 악인들과 달리 부활 후에 점도 없고 흠도 없이 의로운 자가 되어 주의 얼굴을 뵙는 것과 잃어버린 주의 형상을 회복하게 되는 것을 전부로 알고 거기에 만족하는 주의 백성들은 반드시 그 영광을 얻게 될 것입니다. 여호와 하나님은 흠 없는 피를 제물로 들고 나아온 대제사장의 간구를 반드시 들어주시는 분이기 때문입니다. 히브리서는 그 점을 이렇게 설명합니다. **"그는 육체에 계실 때에 자기를 죽음에서 능히**

구원하실 이에게 심한 통곡과 눈물로 간구와 소원을 올렸고 그의 경외하심을 인하여 들으심을 얻었느니라 그가 아들이시라도 받으신 고난으로 순종함을 배워서 온전하게 되었은즉 자기를 순종하는 모든 자에게 영원한 구원의 근원이 되시고"(히 5:7-9). 메시아가 죽음을 짊어지고 하나님께 기도하신 유일한 목적이 이것입니다. **"자기를 순종하는 모든 자에게 영원한 구원의 근원이"** 되시는 것입니다. 이 은혜를 위해 메시아는 심한 통곡과 눈물로 간구와 소원을 올렸고 하나님은 그 기도를 들어주셨습니다. 그렇게 해서 메시아는 자신을 믿는 모든 자의 구원의 근원이 되었음을 오래전 다윗을 통해 미리 알려주신 것입니다.

말씀 묵상하며 시편찬송 부르기

# 주여 내 의를 들으사
시편 17:1-5 (1)

# 주 내게 응답하시니
시편 17:6-12 (2)

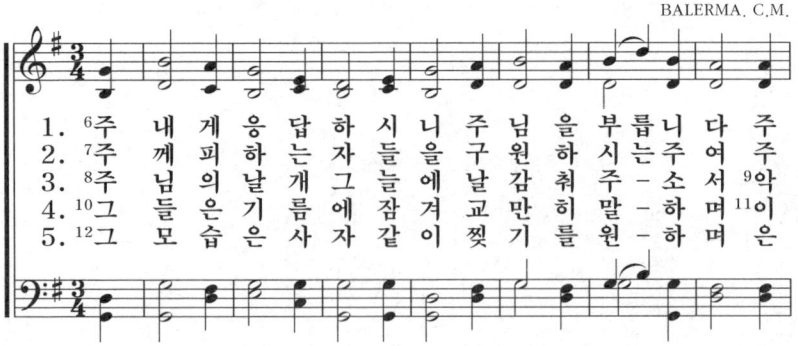

시편 강해 II 가난한 자들을 잊지 마옵소서

## 주여 그를 대항하여

시편 17:13-15 (3)

DALEHURST, C.M.

# 시편 18편

구원하신 날에
내 소리를 들으심이여
우리 하나님
내가 열방 중에서

Psalms

## Chapter 1

## 구원하신 날에

> 나의 힘이 되신 여호와여 내가 주를 사랑하나이다 여호와는 나의 반석이시요 나의 요새시요 나를 건지시는 자시요 나의 하나님이시요 나의 피할 바위시요 나의 방패시요 나의 구원의 뿔이시요 나의 산성이시로다 내가 찬송 받으실 여호와께 아뢰리니 내 원수들에게서 구원을 얻으리로다(시 18:1-3)

시편의 표제가 본문의 의미를 한층 더 선명하게 드러내는 경우가 있습니다. 18편도 마찬가지입니다. **"여호와께서 다윗을 그 모든 원수와 사울의 손에서 구원하신 날에 다윗이 이 노래의 말로 여호와께 아뢰어 가로되"**. 다윗이 하나님께서 자기를 이스라엘의 왕으로 택하시고 인도해 오셨던 모든 여정을 돌이켜 보며 지은 시임을 알게 합니다. 이 표제를 포함해 시편 18편은 사무엘하 22장과 거의 똑같습니다. 골리앗을 비롯한 온갖 대적과 싸웠던 일과, 이스라엘 왕 사울이 자기를 죽이려 했던 위협과 심지어 아들 압살롬까지 아버지인 자신을 죽이려 하자 신발도 제대로 못 챙기고 급히 도망가야 했던 순간에도 하나님의 도우심으로 위기를 넘긴 일들을 돌아보며 지은 시입니다. 그것을 **"모든 원수와 사울의 손에서 구원하신 날에"**라고 함으로 놀라운 구원을 베푸신 하나님의 은혜를 생각하고 지은 시임을 밝히고 있습니다. 숱한 위험과 원수들의 위협 가운데서 자기를 구원해 주신 하나님의 손길을 기억하며 노래하는 것입니다.

　이처럼 과거에 자기를 구원하신 하나님의 손길을 돌아보며 지은 시이지만 본문을 살펴보면 독특한 점이 있습니다. 본문에 쓰인 단어들에 미완료 형태가 다수 나타나며 완료형 동사와 구분 없이 병행적으로 사용된다는 점입니다. 미완료는 아직 끝나지 않은 일이 계속되고 있을 때나, 아니면 흔히 미래로 알고 있는 일을 표현할 때 사용하는 형태입니다. 그러한 미완료 형태의 단어가 흔히 과거형으로 해석하는 완료 형태와 섞여 있기도 합니다. 앞부분에 있는 몇 개만 살펴보면 이렇습니다. 3절에서 **"아뢰리니"**, **"구원을 얻으리로다"**, 4절에서 **"두렵게 하였으며"**가 미완료 형태이며 6절에서는 **"아뢰며"**, **"부르짖었더니"**, **"들으심이여"**, **"들렸도다"**가 다 미완료 형태입니다. 7절의 **"진동하고"**, **"요동하였으니"**는 총 네 단어를 두 개씩 하나로 묶어 번역한 미완료 형태이며 8절에서는 **"사름이여"**로 번역된 미완료와 완료형 **"피었도다"**가 나란히 사용되었습니다. 이후에도 우리말 성경에서 과거형으로 번역된 많은 동사가 미완료 형태이며 완료 형태와 구분 없이 등장합니다. 표제에서 밝힌 대로 지난날을 회상하며 지은 시이기에 완료 형태의 단어가 주로 사용되어도 전혀 어색하지 않을 것 같은데 원문 성경은 그 둘을 거의 혼용하여 사용하고 있습니다. 미완료 형태가 반복적인 사건을 언급하는 용례가 있음을 생각하더라도 이처럼 혼용하는 것은 참 독특합니다. 우리말 번역은 미완료의 의미를 다 드러내지 못하고 거의 다 완료 형태와 똑같이 과거에 일어난 일들로 인식하게끔 번역해 놓았습니다.[23] 표제에서 다윗이 인생을 회상하면서 기록한 시라 했기 때문에 그렇게 하는 것이 당연해 보입니다.

그런데도 미완료와 완료 형태를 혼용하여 기록한 독특한 형태는 뭔가 특별한 의미를 제공해 주려는 것임을 짐작할 수 있습니다. 이 시편은 다윗이 지난날 자신을 구원해 주신 하나님의 은혜를 돌아보며 감사하는 것으로 끝나지 않습니다. 다윗은 선지자로서 자기 인생이 메시아의 예표 역할을 하고 있음을 알았습니다. 하나님께서 자기를 숱한 죽음의 위험에서 건지신 것처럼 메시아를 죽음에서 건지시고 그의 기도를 들어주사 메시아 왕권을 굳게 세우실 것을 알았던 것입니다. 시편 18편은 그 사실을 알게 된 다윗이 선지자의 자격으로 훗날 메시아에게 일어날 일을 예표하는 데 초점이 있습니다.

그 점은 다윗이 겪어보지 않은 **"사망"**이나 **"음부의 줄"**(4,5절) 같은 죽음에 넘겨졌다는 구절이나, 하나님의 구원이 자기의 완전한 의로움 때문이라는(20-24절) 사람이 할 수 없는 고백들까지도 그 사실을 분명히 드러냅니다. 이 시는 사울을 비롯한 수많은 원수에 의해 죽을 고비를 여러 차례 넘긴 다윗이, 자기가 겪었던 것과 유사하나 훨씬 더 본질적인

---

23  10절 이후 미완료 형태의 동사가 과거형으로 번역된 경우는 다음과 같다(와우 연속법 + 미완료 제외).
"**삼으사**"(11절), "**내시며**"(13절), "**보내사**" "**나를 취하심이여**" "**나를 건져내셨도다**"(16절), "**나를 건지셨음이여**"(17절), "**저희가 내게 이르렀으나**"(18절), "**구원하셨도다**"(19절), "**상 주시며**" "**갚으셨으니**"(20절), "**버리지 아니하였음이로다**"(22절), "**나를 붙들고**" "**나를 크게 하셨나이다**"(35절), "**나를 넓게 하셨고**"(36절), "**굴복케 하셨나이다**"(39절), "**나로 끊어버리게 하셨나이다**"(40절), "**저희가 부르짖으나**"(41절), "**부숴뜨리고**" "**쏟아버렸나이다**"(42절), "**주께서 나를 건지시고**" "**삼으셨으니**"(43절).

고난과 죽음 가운데서 건짐 받으실 메시아를 내다보고 지은 시라는 것입니다.

　이 시편을 그와 같은 관점에서 이해해야 할 더 큰 이유가 있습니다. 사도 바울은 로마서 15장에서 시편 18:49을 인용하여 이렇게 말합니다. **"이는 조상들에게 주신 약속들을 견고케 하시고 이방인으로 그 긍휼하심을 인하여 하나님께 영광을 돌리게 하려 하심이라 기록된 바 이러므로 내가 열방 중에서 주께 감사하고 주의 이름을 찬송하리로다 함과 같으니라"**(롬 15:8, 9). 이 말씀은 그리스도께서 이방인까지 구원하시리라는 사실이 시편에 이미 예언되어 있었음을 밝히는 구절입니다. 곧 예수님이 유대인뿐만 아니라 이방인들에게도 구원의 통치자가 되실 것을 밝히면서 그 근거로 시편 18:49을 제시하고 있습니다. 이는 시편 18편 전체가 메시아에 관한 내용임을 알게 합니다. 표제에서는 다윗의 일생을 돌아보며 하는 말이라 하면서도 미완료 형태의 단어를 상당한 구절에서 혼용한 이유가 그것입니다. 다윗의 역사를 증거로 삼아 장차 일어날 메시아의 영광을 담고 있는 것입니다.

　그러므로 시편 18편도 지금까지의 문맥과 같이 메시아에 관한, 즉 그리스도의 부활 승리와 그에 따른 혜택이 어떤 것인가를 예언한 것으로 이해해야 합니다. 다윗에게 이미 일어난 하나님의 구원 사역이 실제이듯 훗날 메시아를 향해서도 유사한 일을 행하사 열방 중에서 이방인들이 하나님께 감사하고 찬송하게 될 것을 알리고 있는 것입니다. 그 점을 제외하고 다윗이 경험했던 곤란한 상황에서 건짐받는 일로만 생각하는 것은 이 시편의 가장 중요한 의미를 놓치는 것입니다. 이 시편의 중심은 그리스도의 부활 승리에 대한 예언에 있기 때문입니다. 그래서 메시아의 부활이 어떻게 이루어졌고, 하나님의 도우심이 어떻게 있었으며 그것이 의미하는 바는 궁극적으로 무엇인지를 살펴야 하는 것입니다.

그와 같은 관점에서 본문을 살피면, 메시아는 자기를 구원하신 하나님께 사랑과 감사를 담은 찬양을 올려드립니다. **"나의 힘이 되신 여호와여 내가 주를 사랑하나이다 여호와는 나의 반석이시요 나의 요새시요 나를 건지시는 자시요 나의 하나님이시요 나의 피할 바위시요 나의 방패시요 나의 구원의 뿔이시요 나의 산성이시로다"**(1, 2). 이 고백은 죽음의 고난 한가운데서 드린 메시아의 기도를 하나님이 들어주셨음을 의미합니다. 온 세상 죄를 지고 하나님의 진노를 받아 당하는 죽음의 고통 한 가운데서도 끝까지 소망 가운데 부활을 기도하며 기다린 메시아를 살리신 하나님, 죽음 가운데서도 내게 힘이 되어 주신 하나님을 내가 사랑한다는 것입니다.

메시아의 기도는 무엇이었습니까? 9편부터 17편까지 이어지는 말씀 안에 그 점이 언급되어 있습니다만 최종적으로 17편에서 확인한 대로, 메시아는 자기의 죽음이 흠 없는 제물임을 하나님께 아뢰고 그것을 근거로 악인들을 심판하시고 회개하는 죄인들을 구원해 주시기를 구하였습니다. 그 일을 위해 자기를 죽음에서 일어나게 해 주시길 구했습니다. 그래야 자기와 하나된 성도들도 역시 부활할 것이기에 사망의 쏘는 것으로 인류를 사로잡고 있는 마귀의 권세를 물리치고 부활의 영광에 이르게 해 주시라고 기도한 것입니다.

시편 18편이 이와 같이 감사와 사랑을 담은 고백으로 시작하는 것은 하나님이 그 기도를 들어주셨기 때문임을 알게 합니다. 죽음의 고난 가운데서 올린 기도에 철저히 응답해 주신 하나님께 메시아가 감사와 찬송을 고하는 시인 것입니다. 그 점은 18편 전반에 걸쳐 확인되며 특히 2절은 하나님이 어떻게 힘이 되어 주셨는가를 밝힙니다. 2절에 등장하는 하나님에 대한 상징 일곱 가지는 '방어력'과 '공격력'에 있어서 완벽한 구원자이신 하나님의 모습을 묘사하고 있습니다. **"반석"**과 **"요새", "바위"**와 **"방패"** 되시고 **"산성"**되신다는 말은 하나님이 자기 안에 피하는 자들을 얼마나 안전하게 보호하시는지를 강조하는 말들입니다. 다윗이 사울을 피해 도망 다닐 때 산으로 광야로, 동굴로 피신해 가면서 생명을 유지할 수 있었던 경험으로 이런 고백을 할 수 있었습니다. 날아오는 화살을 방패로 막고, 자기를 죽이려 찾아 헤매는 강한 군사들의 눈을 바위 뒤에 숨어 피하며, 막다른 동굴에 숨어 들어갔을 때도 사울의 칼날을 피할 수 있게 하시고 또 높은 성벽으로 외적의 침범을 피할 수 있었던 것이 오직 하나님의 손길로 가능했다는 말입니다. 또 **"나를 건지시는 자시요 나의 구원의 뿔이시라"**는 말씀은 하나님이야말로 대적을 쳐부술 힘과 권세가 있으시며 그 강력한 권세로 원수를 제압하고 다윗의 생명과 왕권을 보존해 주신 강력한 권세자라는 뜻입니다.

단순히 다윗에게 그리하셨다는 차원에서 그치는 내용이 아닙니다. 훗날 유대인과 이방인을 가리지 않고 온 인류 가운데서 회개하는 죄인들을 구원하실 메시아를 죽음 가운데서 일으키시고 하나님 나라의 참되고 영원한 왕으로 세우신 분이 여호와 하나님이시라는 뜻입니다. 그러한 의미에서 **"내가 찬송 받으실 여호와께 아뢰리니 내 원수들에게서 구원을 얻으리로다"**(3)라고 장차 일어날 일인 것처럼 미완료 형태의 말로 고백합니다. 다윗이 생명과 왕권을 보존할 수 있게 하신 것처럼 메시아에게도 행하실 것이 분명하다는 뜻입니다. 다윗을 구원하신 일은 단순히 다윗에게만 해당하는 일이 아닙니다. 장차 메시아에게도 그와 같은 일이 있을 것입니다. 그에 대한 확실한 증거가 바로 이스라엘 왕 다윗에게 일어났던 일입니다. 다윗을 보호하고 세우신 하나님이 메시아에게도 똑같은 권세와 영광으로 함께하실 것입니다. 그리하여 다윗의 통치 아래 있던 이스라엘 백성이 생명을 보호받고 평화를 누린 것처럼 죽음에서 부활하신 메시아를 구원자와 왕으로 섬기는 모든 백성은 죄와 사망에서 구원받아 영원한 영광의 나라에서 그 복을 누리게 될 것입니다. 메시아가 죽음 가운데서 하나님께 회개하는 죄인들을 구원해 주시고 끝까지 악행을 고집하는 악인들을 심판해 주시라고 간구하였으며 하나님은 그 간구를 다 들어주실 것이기 때문입니다. 선지자이기도 한 다윗이 그 사실을 계시받아 우리에게 전하고 있습니다.

## Chapter 2

## 내 소리를 들으심이여

사망의 줄이 나를 얽고 불의의 창수가 나를 두렵게 하였으며 음부의 줄이 나를 두르고 사망의 올무가 내게 이르렀도다 내가 환난에서 여호와께 아뢰며 나의 하나님께 부르짖었더니 저가 그 전에서 내 소리를 들으심이여 그 앞에서 나의 부르짖음이 그 귀에 들렸도다 이에 땅이 진동하고 산의 터도 요동하였으니 그의 진노를 인함이로다 그 코에서 연기가 오르고 입에서 불이 나와 사름이여 그 불에 숯이 피었도다 저가 또 하늘을 드리우시고 강림하시니 그 발 아래는 어둑캄캄하도다 그룹을 타고 날으심이여 바람 날개로 높이 뜨셨도다 저가 흑암으로 그 숨는 곳을 삼으사 장막 같이 자기를 두르게 하심이여 곧 물의 흑암과 공중의 빽빽한 구름으로 그리하시도다 그 앞에 광채로 인하여 빽빽한 구름이 지나며 우박과 숯불이 내리도다 여호와께서 하늘에서 뇌성을 발하시고 지존하신 자가 음성을 내시며 우박과 숯불이 내리도다 그 살을 날려 저희를 흩으심이여 많은 번개로 파하셨도다 이럴 때에 여호와의 꾸지람과 콧김을 인하여 물밑이 드러나고 세상의 터가 나타났도다 저가 위에서 보내사 나를 취하심이여 많은 물에서 나를 건져 내셨도다 나를 강한 원수와 미워하는 자에게서 건지셨음이여 저희는 나보다 힘센 연고로다 저희가 나의 재앙의 날에 내게 이르렀으나 여호와께서 나의 의지가 되셨도다 나를 또 넓은 곳으로 인도하시고 나를 기뻐하심으로 구원하셨도다 여호와께서 내 의를 따라 상 주시며 내 손의 깨끗함을 좇아 갚으셨으니 이는 내가 여호와의 도를 지키고 악하게 내 하나님을 떠나지 아니하였으며 그 모든 규례가 내 앞에 있고 내게서 그 율례를 버리지 아니하였음이로다 내가 또한 그 앞에 완전하여 나의 죄악에서 스스로 지켰나니 그러므로 여호와께서 내 의를 따라 갚으시되 그 목전에 내 손의 깨끗한대로 내게 갚으셨도다(시 18:4-24)

지난 말씀에서 다윗이 원수들에게서 구원받은 것처럼 장차 메시아를 죽음에서 일으키심으로 회개하는 자들을 살리실 것을 확인했습니다. 본문은 그 일이 더욱 구체적으로는 어떻게 이루어지는지를 밝히는 부분입니다. 다윗이 겪은 무서운 고난과 하나님의 도우심을 통해 메시아가 어떤 고난에 처할 것인지, 그 호소는 무엇이며 하나님이 그 호소를 들으시고 어떻게 도우셨는지를 말씀합니다.

먼저, 메시아는 자신이 죽임당한 것의 본질을 밝힙니다. **"사망의 줄이 나를 얽고 불의의 창수가 나를 두렵게 하였으며"**(4). '사망의 포박'이 나를 동여매고, '파멸케 하는 급류'가 급습했다는 뜻입니다. **"불의"**는 무가치하고 비열한 파괴자를 가리키고 **"창수"**는 사람을 속절없이 떠내려가게 하는 급류를 가리키는 말입니다. 인류를 괴멸시킨 노아의 홍수를 연상시킵니다. 메시아가 당한 죽음을 그와 같이 묘사하고 있습니다. 사람이 거대한 홍수에 휩쓸리면 속절없이 떠내려갈 수밖에 없는 것처럼 무가치하고 비열한 파괴자들이 무리를 지어 급류처럼 달려든다면 누구라도 생명의 안전을 보장할 수 없을 것입니다. 그처럼 두려운 심판의 죽음이 메시아에게 임했다는 말입니다. **"나를 얽고"**가 완료형인데 반해 **"두렵게 하였으며"**는 미완료형입니다. 다윗이 자기가 당했던 경험을 바탕으로 장차 메시아에게 일어날 일을 이렇게 암시하고 있습니다.

그 점을 더욱 구체적으로 **"음부의 줄이 나를 두르고 사망의 올무가 내게 이르렀도다"**(5)라고 언급합니다. 지옥의 포승줄이 나를 붙들어 매고, 사망의 그물이 나를 둘러싸고 있다고 합니다. 다윗은 자신이 당했던 여러 죽을 뻔한 처절한 경험을 토대로 메시아가 당할 죽음을 깊이 묘사하고 있습니다. 5, 6절에서 비슷한 의미의 단문을 네 번 반복한 것은 사람의 힘으로 결코 극복할 수 없는 죽음의 강력함을 강조합니다. 그러나 다윗이 주의 종으로 사울을 비롯한 불량자들이나 비열한 자들에게 여러 차례 심각하게 죽을 위기를 겪었지만 실제로 죽음을 경험하지는 않았습니다. 이 말씀은 메시아가 당할 죽음의 강력함을 묘사합니다. 죽음을 겪으시되 육체의 사망보다 더 깊은 의미의 죽음, 곧 지옥의 심판을 함께 받는 진노로 인한 본질적인 죽음을 경험할 것이라는 의미입니다.

그 두려운 심판의 죽음 한 가운데서 메시아가 행한 일과 그 결과에 대해서는 다음 구절에서 밝힙니다. **"내가 환난에서 여호와께 아뢰며 나의 하나님께 부르짖었더니 저가 그 전에서 내 소리를 들으심이여 그 앞에서 나의 부르짖음이 그 귀에 들렸도다"**(6). **"아뢰며"**와 **"부르짖었더니"**는 미완료 형태로 메시아가 하나님께 부르짖어 기도하실 것을 예표합니다. 다윗이 이스라엘 왕으로 환난을 겪을 때마다 그 고통과 슬픔을 하나님께 아뢰며 도움을 구한 것처럼 온 이스라엘의 왕 메시아도 죽음의 고난 한가운데서 하나님께 간절히 기도하신다는 말씀입니다. 구체적인 기도 내용은 앞선 시편들에서 확인했던 바입니다. 악인들을 심판하시되 죄인이 회개하면 구원받아 하나님 백성이 되게 해 주시며 그 일을 위해 자기를 죽음 가운데서 먼저 구해 주시라고 하나님의 인자를 의지하여 기도하였습니다. 자신의 부활이 선행되어야 자기를 믿는 죄인들도 함께 부활하여 하나님 나라에 영원히 거하게 될 것이기 때문입니다.

그러자 하나님이 **"그 전에서"** 내 부르짖음을 들으셨다고 합니다. **"들으심이여"**와 **"들렸도다"**라는 말도 미완료 형태로 이 시가 장차 일어날 메시아에 대한 예표임을 암시하고 있습니다. 이 때는 성전이 지어지기 전입니다. 따라서 **"그 전에서"** 들으셨다는 말은 사망의 골짜기에서 외치는 메시아의 기도를 여호와 하나님이 계신 천상의 처소에서 들으시리라는 뜻입니다. 메시아가 가장 큰 환난인 하나님의 진노를 받는 죽음의 한가운데서 드리는 기도를 여호와 하나님이 하늘의 신령한 처소에서 들으신다는 것입니다. 메시아의 기도와 하나님의 응답이 이렇게 이루어질 것임을 다윗이 미리 알고 이와 같이 묘사하였습니다.

그다음 7절부터 15절까지는 그 기도에 대해 하나님이 어떻게 응답하셨는지를 알려줍니다. 다윗은 하나님이 강력한 용사의 모습으로 메시아의 기도에 응답하실 것을 내다봅니다. **"이에 땅이 진동하고 산의 터도 요동하였으니 그의 진노를 인함이로다 그 코에서 연기가 오르고 입에서 불이 나와 사름이여 그 불에 숯이 피었도다"**(7,8). 화살이나 칼과 창으로 전쟁을 치르던 다윗 당시에 땅과 산을 흔들며 불과 연기와 용암 같은 숯불로 임하신다고 묘사한 것은 하나님의 권세와 능력이 얼마나 강력하고 초월적인지를 드러냅니다. 다른 모든 권세는 하나님의 초월적인 권세와 능력 앞에 아무런 힘을 발휘할 수 없습니다. 하나님은 자기 백성을 핍박하는 모든 권세에 대해 그와 같은 힘으로 제압하실 것입니다. 다윗이 원수의 위협과 핍박으로 죽음의 위기에 처했을 때 하나님이 간섭하사 구원해 주신 일들은 모두 그에 대한 증거입니다. 더 나아가 이 일은 메시아를 향한 하나님의 역사에 관한 예표입니다. 다윗은 자기에게 있었던 그 일들을 증거 삼아 훗날 메시아가 죽음 안에서 부르짖을 때 하나님께서 강력하고 초월적인 권세와 능력으로 임하사 메시아의 기도에 응답해 주실 것을 예표하고 있는 것입니다. 예수님이 십자가에 달리셨을 때 일어난 일이 그 실제를 보여줍니다. **"이에 성소 휘장이 위로부터 아래까지 찢어져 둘이 되고 땅이 진동하며 바위가 터지고 무덤들이 열리며 자던 성도의 몸이 많이 일어나되 예수의 부활 후에 저희가 무덤에서 나와서 거룩한 성에 들어가 많은 사람에게 보이니라 백부장과 및 함께 예수를 지키던 자들이 지진과 그 되는 일들을 보고 심히 두려워하여 가로되 이는 진실로 하나님의 아들이었도다 하더**

라"(마태복음 27:51-54). 하나님이 초월적인 권세와 능력으로 메시아의 간구에 응하시는 모습입니다. 다윗은 이런 일이 일어날 것을 미리 본 것입니다.

하나님의 초월적인 권세와 능력에 대한 진술을 계속합니다. "저가 또 하늘을 드리우시고 강림하시니 그 발 아래는 어둑캄캄하도다 그룹을 타고 날으심이여 바람 날개로 높이 뜨셨도다 저가 흑암으로 그 숨는 곳을 삼으사 장막 같이 자기를 두르게 하심이여 곧 물의 흑암과 공중의 빽빽한 구름으로 그리하시도다 그 앞에 광채로 인하여 빽빽한 구름이 지나며 우박과 숯불이 내리도다 여호와께서 하늘에서 뇌성을 발하시고 지존하신 자가 음성을 내시며 우박과 숯불이 내리도다 그 살을 날려 저희를 흩으심이여 많은 번개로 파하셨도다 이럴 때에 여호와의 꾸지람과 콧김을 인하여 물밑이 드러나고 세상의 터가 나타났도다"(9-15).

용사 되신 하나님의 능력이 얼마나 무섭고 두려운지를 밝히고 있습니다. 사람이 감히 넘볼 수 없는 초월적인 힘과 능력으로 대적을 처리하시는 하나님이심을 구체적으로 묘사합니다. 하늘을 가르고 내려오시되 짙은 구름 위에서 천사를 타고 날며 바람을 날개 삼아 높이 떠서 대적을 상대한다고 합니다. 더 나아가 흑암에 싸여 활동하심으로 상대는 하나님을 발견할 수조차 없는데 하나님은 번개를 화살 삼고, 천둥을 목소리 삼으며, 우박과 폭풍우와 화산 폭발과 같은 불길과 용암을 무기로 삼으며, 바다를 뒤집고 땅을 뿌리까지 갈아엎어서라도 공격하는 용사로 묘사합니다. 땅에 속한 대적들이 아무리 크고 강력하다고 해도 압도적으로 제압할 수 있는 초월적인 권세와 능력이 있는 분이 하나님이라는 뜻입니다. 이와 같은 능력으로 하나님은 다윗이 죽을 위기에 처했을 때 구해내셨습니다. 자기 백성 모두에게도 그리하실 것입니다.

그러나 하나님의 권세와 능력에 관한 이같은 묘사는 단지 다윗을 구해내신 능력이 크시다는 사실을 드러내는 것에 의미가 있지 않습니다. 이는 메시아를 죽음에서 건지시고 그의 간구에 응답하시기에 능하신 하나님이심을 밝히는 것입니다. 하나님은 메시아의 간구대로 죽음에서 다시 살리시며 또한 그를 의지하여 회개하는 모든 심령을 구원하는 초월적인 권세와 능력을 가진 분이시라는 뜻입니다. 다시 말하면 하나님은 전능하시어서 죽음의 올무를 풀어 자유롭게 하기에 능하신 분이라는 말입니다. 다윗을 죽음의 위기에서 구하신 것은 그에 대한 분명한 증거입니다.

다음 구절이 그 점을 확인해 줍니다. **"저가 위에서 보내사 나를 취하심이여 많은 물에서 나를 건져 내셨도다 나를 강한 원수와 미워하는 자에게서 건지셨음이여 저희는 나보다 힘센 연고로다 저희가 나의 재앙의 날에 내게 이르렀으나 여호와께서 나의 의지가 되셨도다 나를 또 넓은 곳으로 인도하시고 나를 기뻐하심으로 구원하셨도다"**(16-19). **"많은 물에서 나를 건져내셨도다"**와 **"나를 강한 원수와 미워하는 자에게서 건지셨음이여"**가 병행되고 있습니다. **"강한 원수와 미워하는 자"**는 17편에서 마귀와 그 일당들을 의미하였습니다(시 17:9, 12). 곧 사망의 강력한 올가미로 사람들을 옭아매는 세력들을 말합니다. 사망 권세는 인류의 가장 큰 대적입니다. **"많은 물"**은 4절에서 **"사망의 줄"**과 병행을 이룬 **"불의의 창수"**와 유사합니다. 홍수에 휩쓸리면 자력으로 빠져나오지 못하고 속절없이 떠내려갈 수밖에 없듯이 강한 원수와 미워하는 자들에 의해 사망의 올무에 매인 사람은 절대 빠져나올 수 없습니다. **"저희는 나보다 힘센 연고로다"**라는 말씀은 메시아가 그들보다 연약하다는 뜻이 아닙니다. 메시아가 당하는 죽음은 회개하는 죄인과 온전히 연합된 신분에서 저들을 대신해 당하는 죽음이며 그 가운데서 기도하고 있음을 나타냅니다. 그런 의미에서 **"강한 원수와 미워하는 자들"**이 자신보다 더 강하다고 하신 것입니다.

죄인들을 위한 죽음의 자리에서 메시아는 여호와 하나님을 절대적으로 의지하며 기도하시고 하나님은 메시아를 기뻐하사 죽음에서 건지실 것입니다. 여기에 사용된 우리말 동사들이 완료 형태로 번역되었지만 원문은 다 미완료 형태입니다. 다윗이 자기에게 일어난 일을 근거로 장차 여호와께서 메시아를 사망의 물에서 건져 올리사 부활시키시고 넓은 곳, 즉 생명의 안전한 땅으로 인도하실 것을 확신하고 있음을 의미합니다. 표제에서 확인한 대로 하나님은 다윗이 처한 죽음의 위기에서 여러 번 구해내셨습니다. 하나님의 백성 누구에게라도 그리하실 것입니다. 하지만 본문은 그 사실을 알리는 데 그치지 않고 메시아를 죽음 가운데서 부활시키고 또 그의 기도를 들으사 회개하는 죄인들도 구원하실 것을 밝히고 있습니다. 하나님께서 강력한 용사의 모습으로 강림하신 목적은 바로 그 일을 위함입니다. 누구도 감히 생각조차 할 수 없는 부활을 오직 초월적인 권세와 능력을 지니신 여호와 하나님만이 이루실 것입니다. 하나님은 다윗에게 이 사실을 알리셨고 기록하게 하셨습니다. 모든 사람이 메시아 예수 그리스도를 영접하여 참된 구원의 길을 찾아 영생을 누리게 하기 위함입니다.

이와 같은 의미는 이어지는 구절에서도 확인됩니다. **"여호와께서 내 의를 따라 상 주시며 내 손의 깨끗함을 좇아 갚으셨으니 이는 내가 여호와의 도를 지키고 악하게 내 하나님을 떠나지 아니하였으며 그 모든 규례가 내 앞에 있고 내게서 그 율례를 버리지 아니하였음이로다 내가 또한 그 앞에 완전하여 나의 죄악에서 스스로 지켰나니 그러므로 여호와께서 내 의를 따라 갚으시되 그 목전에 내 손의 깨끗한대로 내게 갚으셨도다"(20-24).

사람이 감히 말할 수 없는 이유를 들어 하나님께서 자기 기도를 들어주셨음을 고하고 있습니다. 하나님께서 **"나를 기뻐하심으로 구원"**하시는(19) 이유가 자신의 완전한 의로움에 있다고 밝힙니다. 자기가 죽음에서 부활하며 그로 인해 자기를 의뢰하는 자들 역시 죄사함 받고 구원 얻게 해 주시라는 기도를 응답받는 이유는 자기가 여호와의 율법을 지키고 하나님을 떠나지 아니하되 그 일에 완전하였으며 죄에서 철저히 자기를 지켰기 때문이라는 것입니다. 어떤 사람이 하나님 앞에서 이와 같은 고백을 할 수 있습니까? 아무리 훌륭한 다윗이라고 해도 감히 이와 같은 말로 자기 의를 내세울 수 없습니다. 자기에 대해 정직하다면 시편 51편처럼 말할 수밖에 없습니다. 성도는 자기 의가 아니라 이같이 자기 대신 죽으신 예수 그리스도의 이름으로 전가된 의를 통해 의인이 될 뿐이며, 자신의 기도도 자기 의를 인해서가 아니라 예수님의 이름으로 드려질 때만 하나님께 받아들여지는 것입니다.

그러므로 이 구절은 메시아가 죽음의 고난에서 건져주시라는 기도를 여호와 하나님께서 들으시고 응답해 주실 일을 내다보고 예표하는 말씀입니다. 하나님께서 메시아 자신의 죽음이 완전한 의를 가진 채 죽임당한 흠 없는 제물임을 아시고 기쁘게 받으사 메시아의 간구대로 응답해 주시기로 하셨다는 것입니다. 그런 점에서 **"지키고"**, **"떠나지 아니하였으며"**(20)는 완료형으로, **"상 주시며"**, **"갚으셨으니"**(19)는 '상 주시리라', '갚으시리라'고 묘사할 수 있는 미완료형으로 표기하고 있습니다. 자기가 이미 완전하게 율법을 지키고 하나님을 떠나지 아니하고 죄에서 자기를 지켰으니(시 17:1-5 참조) 하나님이 자기의 기도를 들으사 부활시켜 주실 것과 그로 인해 죄인을 함께 구원하실 것을 확신한다는 뜻입니다. 이러한 고백은 메시아만 할 수 있는 말입니다.

다윗은 이 사실을 계시받았고 그 사실을 자기와 후손들의 믿음의 증거로 기록하고 있습니다. 연약한 모습으로 사람들에게 붙잡혀 죽임당하는 분이 실은 하나님이 보내신 세상의 구원자인 메시아입니다. 그분은 하나님의 뜻을 이루기 위해 죽임당하는 가운데서도 하나님께서 자기 기도를 반드시 들어주시리라는 강한 확신 가운데 백성들의 구원을 위해 자기의 부활을 구하고 계셨습니다. 모든 성도가 이 사실을 알아 예수님을 구주로 믿어 구원 얻으며, 확신 가운데 살아가게 하기 위함입니다.

## Chapter 3

## 우리 하나님

자비한 자에게는 주의 자비하심을 나타내시며 완전한 자에게는 주의 완전하심을 보이시며 깨끗한 자에게는 주의 깨끗하심을 보이시며 사특한 자에게는 주의 거스리심을 보이시리니 주께서 곤고한 백성은 구원하시고 교만한 눈은 낮추시리이다 주께서 나의 등불을 켜심이여 여호와 내 하나님이 내 흑암을 밝히시리이다 내가 주를 의뢰하고 적군에 달리며 내 하나님을 의지하고 담을 뛰어 넘나이다 하나님의 도는 완전하고 여호와의 말씀은 정미하니 저는 자기에게 피하는 모든 자의 방패시로다 여호와 외에 누가 하나님이며 우리 하나님 외에 누가 반석이뇨(시 18:25-31)

장차 임할 메시아 왕권의 영광을 예표하는 말씀이 이어지고 있습니다. 앞서 메시아는 죄인들을 대신해 당한 죽음에서의 부활을 하나님께 구했습니다. 죄인들의 구원이 자신의 부활에 달려 있기 때문입니다. 그 간구에 하나님은 초월적인 능력으로 죽음의 권세를 물리치고 메시아를 다시 살리시기로 하셨습니다. 메시아는 하나님이 응답하신 이유가 자신이 율법을 완전하게 순종하여 의와 거룩에 흠이 없기 때문임을 분명히 하였습니다. 메시아가 아니면 할 수 없는 고백입니다. 흠 없는 큰 대제사장이 자기 목숨을 흠 없는 제물 삼아 하나님 앞에 나아가, 죄인들의 구원을 위하여 기도하여 응답을 얻어냈음을 백성들에게 알리는 것입니다.

이어지는 본문은 그 결과 일어날 일에 관해 밝힙니다. 그러기 위해 먼저, 하나님의 거룩하신 성품을 언급합니다. **"자비한 자에게는 주의 자비하심을 나타내시며 완전한 자에게는 주의 완전하심을 보이시며 깨끗한 자에게는 주의 깨끗하심을 보이시며"**(25,26). **"자비한 자"** 는 경건한 자, 신실한 자라는 뜻이고, **"완전한 자"** 란 흠 없는 상태, **"깨끗한 자"** 는 거룩한 상태를 말합니다. 그런 자들에게 자비하심을 나타내시고, 완전하심과 깨끗하심을 보이신다는 말씀은 하나님은 경건하고 거룩하며 율법을 완전하게 지킨 자와만 소통이 가능한 분이라는 의미입니다. 하나님께서 메시아를 기뻐하시며 그의 간구대로 죽음에서 불러일으키신 이유가 거기 있습니다. 메시아는 율법을 준수하며 죄에서 자신을 지키는 일에 완전한 분이기 때문입니다. 거기에 미치지 못하는 자는 철저히 대적하여 심판하십니다. **"사특한 자에게는 주의 거스리심을 보이시리니"**(26). **"사특한"** 은 '비틀어진, 구부러진'이란 뜻으로 완전한 거룩에 미치지 못한 상태를 가리킵니다. 화살이 형태를 다 갖췄더라도 끝이 부러졌거나 조금이라도 뒤틀리고 구부러졌다면 아무 쓸모가 없듯이, 의와 거룩에서 조금이라도 일그러지고 비틀어진 자는 하나님 앞에 설 수가 없습니다. 하나님은 죄에 오염된 자들을 대적하여 심판에 이르게 하시는 성품을 지니셨기 때문입니다.

그러나 이제 그와 같은 성품의 하나님이 특별한 방식으로 사람을 대하실 것이라 합니다. **"주께서 곤고한 백성은 구원하시고 교만한 눈은 낮추시리이다"**(27). **"곤고한"** 이란 '가난한, 비천한'으로 자주 사용되는 단어로 죄 때문에 하나님 앞에 나아갈 자격이 없음을 아는 자들을 가리킵니다. 완전히 거룩한 자들과만 교제하며 그들의 기도에 응답해 주시는 하나님의 눈앞에서 자신은 **"사특한"** 자일뿐임을 깨닫고 오직 하나님의 자비와 긍휼만을 바라며 겸손하게 나아오는 자들입니다. 이 말씀이 그처럼 단순히 육적 차원의 가난이나 비천함이 아니라 심령에 관한 언급이며 특히 죄와 관련 있다는 사실은 **"교만한 눈"**과 대조된다는 점에서 알 수 있습니다. 교만하다는 것은 자기의 의와 거룩이 하나님 앞에 나아갈 만한 자격을 갖추었다고 자랑하는 것을 말합니다. 자신에 대해 그와 같은 평가를 내리는 것이 **"교만한 눈"**입니다. 자기는 의로우므로, 율법을 열심히 지켰으므로 누구의 도움도 필요 없이 당당하게 하나님 앞에 나아갈 수 있다고 생각한다는 것입니다.

단순 비교로만 보자면 **"곤고한 백성"**보다 **"교만한 눈"**을 가진 사람이 의와 거룩에 있어서 더 나을지도 모릅니다. 그러나 하나님은 **"곤고한 백성"**은 구원하시되 **"교만한 눈"**은 심판하신다고 합니다. 의가 없어 스스로 비천하다고 느끼며 하나님 앞에 당당히 나서지 못하고 그저 은혜만을 기다릴 수밖에 없는 자들을 구원하시고, 내가 의롭고 거룩하니 누구의 도움 없이도 당당히 하나님 앞에 나갈 수 있다고 생각하는 자들을 심판하실 것이라는 말입니다. 예수님이 후에 하나님 나라의 특징에 관해 알리시면서 가장 먼저 **"심령이 가난한 자는 복이 있나니 천국이 그들의 것임이요"**(마 5:3)라고 하신 말씀과 같습니다. 예수님은 시편 본문과 같이 **"가난한 자"**가 복이 있다는 말로 이 나라의 백성이 되는 첫 번째 특징을 알리신 것입니다. 자기에게 의가 없으며 외부의 도움 없이는 구원 얻지 못할 처지임을 아는 자가 천국을 소유하는 자라는 말입니다. 반대로 돋보이는 의로움을 가졌다고 해도 하나님 앞에서 자기 의를 자랑하며 자기 힘으로 구원받을 수 있다고 여기는 자들은 도리어 심판받게 됩니다. 하나님 앞에서 의와 거룩이 완전하다고 인정받을 수 있는 자는 아무도 없기 때문입니다. 사람이 가진 불완전한 의와 거룩으로는 완전한 영광의 하나님 나라를 소유할 만한 가치가 없습니다. 오히려 사람들은 모두 하나님의 진노를 받아야 마땅한 죄인입니다.

그런데 **"곤고한 백성"**이 구원받게 됩니다. 메시아는 그 일을 확정하신 하나님께 감사와 찬송을 올립니다. 죄인들을 대신해 흠 없는 제물이 된 자신의 간구로 사람을 구원과 심판으로 나누는 하나님의 방식이 이렇게 확정되었기 때문입니다. 회개하는 죄인들에게 구원받을 길이 열렸기 때문입니다.

메시아는 자신이 찬송하는 이유를 이렇게 밝힙니다. **"주께서 나의 등불을 켜심이여 여호와 내 하나님이 내 흑암을 밝히시리이다"**(28). 28절은 이렇게 해석이 됩니다. '왜냐하면 주께서(당신께서) 나의 등불을 켜시며 여호와 내 하나님이 내 흑암을 밝히실 것이기 때문입니다.' 우리말 성경에는 생략된 '왜냐하면'이라는 접속사를 통해 심령이 가난한 자가 구원의 복을 받게 된 이유가 어디 있는지를 설명하고 있습니다.

**"나의 등불을 켜시며"**는 왕권이 영속된다는 뜻입니다. 솔로몬 왕권이 지속될 것을 두고 이렇게 말씀하신 것과 같습니다. **"그 아들에게는 내가 한 지파를 주어서 내가 내 이름을 두고자 하여 택한 성 예루살렘에서 내 종 다윗에게 한 등불이 항상 내 앞에 있게 하리라"**(왕상 11:36). 다윗 왕권을 세우신 하나님이 이 왕권의 불이 꺼지는 것을 허락하지 않으시리라는 말입니다. **"내 흑암을 밝히신다"**는, 그 왕권을 위협하는 모든 위험과 악을 제거하신다는 뜻입니다. 하나님께서 죽음이라는 어두움의 권세를 물리쳐 주심으로 메시아를 부활하게 하신 후 하나님 보좌 우편에 앉게 하사 만물을 주관하여 다스리게 하신 권세가 영속되게 하실 것을 가리킵니다. 하나님께서 메시아를 생명의 구주로 세우시고 영원한 주관자가 되게 하셨습니다.

메시아 왕권은 강력합니다. **"내가 주를 의뢰하고 적군에 달리며 내**

하나님을 의지하고 담을 뛰어넘나이다"(29). 하나님 아버지께서 보장해 주신 왕권과 힘으로 메시아가 벌일 전쟁과 승리에 관한 고백입니다. 전쟁 중에 용사가 적군을 휘젓고 다니며 철옹성 같은 적의 성벽을 넘어 정복하는 모습으로 메시아 왕권의 강력함을 묘사하고 있습니다. 메시아는 죽음에서 부활하신 후에 하나님을 의뢰하여 이러한 전쟁을 벌이시고 대적자들이 아무리 강력하게 방해해도 막힘없이, 실패 없이 원하는 바를 다 얻어낼 것입니다. 반드시 승리를 쟁취할 것입니다.

메시아가 벌이는 이 전쟁은 나라를 빼앗기 위해 칼과 창을 서로 겨누는 전쟁이 아닙니다. 이 전쟁은 사람들을 죄와 죽음으로 이끄는 어둠의 권세와 싸우는 것입니다. 요한복음 5장에서 말씀하신 바와 같습니다. **"예수께서 저희에게 이르시되 내 아버지께서 이제까지 일하시니 나도 일한다"**(요 5:17)라고 하심으로 예수님이 하나님과 함께 어떤 일을 하고 계시는 분임을 알리신 다음 21절에서는 이렇게 말씀하십니다. **"아버지께서 죽은 자들을 일으켜 살리심같이 아들도 자기의 원하는 자들을 살리느니라"**(요 5:21). 죽은 자들을 살리는, 곧 죄와 사망이라는 마귀의 강력한 권세에 사로잡혀 있는 자들을 풀려나게 하여 의와 생명의 자리로 이끄신다는 것입니다. 하나님은 죽음에 처한 죄인들을 불러 생명 얻게 하사 하나님의 사람이 되게 하십니다. 메시아는 그 일에 능하신 분입니다. 죽은 자를 살리는 영적 전쟁에서 적진을 휘젓고 다니며 적의 심장부를 정복하여 아무리 중한 죄인이라도, 아무리 큰 죄에 사로잡혀 있는 흉악한 죄인이라도 거뜬히 구해오는 분입니다. 몸소 그 전쟁에 참여하사 승리를 거두는 분입니다.

다윗의 일생은 이런 일의 상징입니다. 그가 하나님의 뜻대로 전쟁을 시도했을 때는 패배를 모르는 왕이었습니다. 다윗은 주변 국가들을 차례로 정복하면서 오래전에 하나님이 아브라함에게 주리라고 약속하셨던 영토의 전 지역을 이스라엘의 영토로 삼았습니다. 다윗과 관련된 이스라엘의 역사는 하나님이 약속하신 것을 반드시 이루신다는 증거일 뿐만 아니라 훗날 메시아가 죽음의 고난을 통하여 이루실 참되고 신령한 하나님 나라를 상징합니다. 하나님이 메시아에게 주신 약속을 예수님이 친히 밝혀 주십니다. "나를 보내신 이의 뜻을 행하려 함이니라 나를 보내신 이의 뜻은 내게 주신 자 중에 내가 하나도 잃어버리지 아니하고 마지막 날에 다시 살리는 이것이니라"(요 5:39). 하나님께서 맡기신 생명 중에 하나도 잃어버림이 없이 마지막 날에 다시 살리는 것, 곧 죄와 죽음의 올가미에 매여 헤어 나올 수 없었던 죄인들이 생명을 얻어 하늘의 영광에 참여하는 것을 말합니다. 아브라함에게 주신 가나안 땅에 대한 약속을 다윗 왕이 성취하였듯이 메시아는 하늘나라 백성들에 대한 약속을 온전히 성취하시는 분입니다. 죽은 자들을 살리는 전쟁의 승리자라는 증거를 다윗에게서 찾을 수 있다는 말입니다. 그에 관해 예수님이 친히 말씀하십니다. "내가 저희와 함께 있을 때에 내게 주신 아버지의 이름으로 저희를 보전하와 지키었나이다 그중에 하나도 멸망치 않고 오직 멸망의 자식뿐이오니 이는 성경을 응하게 함이니이다"(요 17:12). 가룟 유다처럼 멸망 받기로 이미 확정된 자 외에는 아무도 잃어버리지 않았으며 자기 백성을 죽음과 멸망의 자리에서 다 건져내셨다는 것입니다. "이는 아버지께서 내게 주신 자 중에서 하나도 잃지 아니하였삽나이다 하신 말씀을 응하게 하려 함이러라"(요 18:9)는 말씀과 같습니다. 포로로 잡혀 땅끝에 가서 거할지라도, 죄의 올무에 묶여 바다 깊숙한 곳에 빠졌을지라도 메시아는 그곳까지 찾아가 죄인들을 구해내시는 일에 능하신 왕이시라는 것입니다.

그런 점에서 정복자로서 다윗의 경력은 메시아의 완전한 승리를 상징합니다. 정복 전쟁에 대한 참된 의미는 얼마나 많은 나라를 정복하고 얼마나 많은 땅을 차지했느냐에 있지 않습니다. 죄로 얼룩졌던 가나안 땅을 하나님 백성의 영역으로, 곧 거룩한 백성이 사는 이스라엘 땅으로 만들었다는 데 있습니다. 마찬가지로 후에 오실 메시아는 신령한 이스라엘의 참된 왕으로 하나님이 자기에게 주시기로 약속하신 죄인 중 하나도 놓치지 않고 다 죽음에서 건져내 하나님의 거룩한 백성이 되게 하는 분임을 가리키는 것입니다.[24]

그 점에 관해 메시아는 굳은 확신을 가지고 이렇게 고백합니다. **"하나님의 도는 완전하고 여호와의 말씀은 정미하니 저는 자기에게 피하는 모든 자의 방패시로다"**(30). 하나님의 길은 완전하여 흠이 없고, 여호와의 말씀은 정미하다는 뜻입니다. 하나님이 한 번 약속하신 것은 정련된 금같이 순전하여 불순물이 전혀 없다는 뜻입니다. 그 약속이 번복되거나 부족하게 지켜지는 법이 없습니다. 그 약속은 '자기에게 피하는 모든 자의 방패가 되신다'는 것입니다. '피한다'는 말에는 자기 힘으로 자기를 지킬 능력이 없다는 사실이 전제되어 있습니다. 하나님 앞에 얼굴을 들고 자랑스럽게 나올만한 의와 거룩이 없다는 것입니다. 율법을 지켜야 하는 문제, 거룩과 의를 마음으로 지키는 일에 자랑할 것이 없는 자들이 수치와 부끄러움에도 불구하고 하나님의 긍휼과 자비만 바라고 나옵니다. 그럴 때 하나님은 그들이 아무리 가증스럽고 흉악한 죄인이라 할지라도 친히 그들에게 방패가 되어 주십니다. 가난한 심령임을 깨닫고 애통하는 자가 낮아진 마음으로 하나님을 피난처 삼아 자기

---

[24] 다윗의 인생에는 독특한 점이 있다. 한편으로는 메시아를, 한편으로는 죄인 입장에서 한없는 죄책감과 애통함으로 회개하는 죄인을 대표한다. 다윗의 정복과 승리의 역사는 메시아 왕권의 강력함을 상징하며, 죄와 징계의 역사는 죄인들의 역사를 대표한다(시편 51편 참조).

심령을 맡길 때, 절대 외면하지 아니하고 천국 백성 삼는 것이 하나님의 길이며 하나님의 계획입니다. 그 작정이 완전히 성취될 것입니다.

그렇게 해서 생긴 놀라운 변화가 있습니다. **"여호와 외에 누가 하나님이며 우리 하나님 외에 누가 반석이뇨"**(31). 메시아가 지금까지 **"내 하나님"**, **"나의 주님"**, **"나의 등불"** 등 하나님과 개인적인 관계에서 말한 것과 대조적으로 여기서는 **"우리 하나님"**이라고 고백합니다. 하나님께서 메시아의 간구를 들어주신 결과 하나님을 피난처 삼아 나온 죄인들과 메시아 자신이 한 몸으로 연합 관계가 되었음을 알게 합니다. 자신과 그들을 하나로 여기시고 하나님이 **"우리 하나님"**이 되어 주시며 **"우리"**의 반석이 되심을 고백하고 있습니다. 지금까지 여호와 하나님 앞에서 직접 아뢰는 형식의 말씀이 이어져 온 점을 감안하면 이 구절은 '그러니 여호와 외에 누가 하나님이며 우리 하나님 외에 누가 반석이겠습니까?'라는 뜻으로 이해됩니다. 자기와 하나 된 구원받은 백성들 모두를 능히 보호하실 수 있는 분은 오직 여호와 하나님 한 분뿐이심을 절대적으로 확신한다는 의미입니다. 그 사실을 크게 강조하여 묘사하고 있습니다. 만물을 그 뜻대로 주관하시는 여호와 하나님이 메시아와 하나가 된 회개한 죄인들을 반석처럼 든든히 보호해 주실 것을 알고 기뻐하며 찬송하는 것입니다. 이 모든 것이 메시아가 죽음의 고난 중에 하나님께 간구한 대로 이루어졌기 때문입니다. 하나님은 메시아 자신의 흠 없는 제물을 보시고 그의 모든 기도를 다 들어 주셨습니다. 메시아를 죽음에서 일으키사 부활하게 하시고 메시아의 기도대로 구원과 심판의 역사를 진행하기로 하셨습니다. 만군의 여호와가 **"우리 하나님"**이 되신 것도, 그 백성된 우리를 능히 보호하실 **"반석"**이 되어 주신 것도 메시아가 죽음 앞에서 기도하신 대로 그가 먼저 부활하셨기 때문입니다. 그의 부활로 말미암아 여호와 하나님이 **"우리 하나님"**이요 **"반석"**

이 되셨습니다. 메시아는 그 일이 확정되었음을 확신하며 이렇게 감사 찬송하는 것입니다. 하나님은 다윗에게 이러한 사실을 알게 하시고 그와 그 백성들이 모두 이와 같이 임하실 메시아를 소망하며 살게 하셨으며 예수님 오신 이후에 사는 우리에게는 이미 오신 메시아에 관한 믿음을 더욱 견고히 하게 하십니다.

## Chapter 4

## 내가 열방 중에서

이 하나님이 힘으로 내게 띠 띠우시며 내 길을 완전케 하시며 나의 발로 암사슴 발 같게 하시며 나를 나의 높은 곳에 세우시며 내 손을 가르쳐 싸우게 하시니 내 팔이 놋 활을 당기도다 주께서 또 주의 구원하는 방패를 내게 주시며 주의 오른손이 나를 붙들고 주의 온유함이 나를 크게 하셨나이다 내 걸음을 넓게 하셨고 나로 실족지 않게 하셨나이다 내가 내 원수를 따라 미치리니 저희가 망하기 전에는 돌이키지 아니하리이다 내가 저희를 쳐서 능히 일어나지 못하게 하리니 저희가 내 발 아래 엎드러지리이다 대저 주께서 나로 전쟁케 하려고 능력으로 내게 띠 띠우사 일어나 나를 치는 자로 내게 굴복케 하셨나이다 주께서 또 내 원수들로 등을 내게로 향하게 하시고 나로 나를 미워하는 자를 끊어버리게 하셨나이다 저희가 부르짖으나 구원할 자가 없었고 여호와께 부르짖어도 대답지 아니하셨나이다 내가 저희를 바람 앞에 티끌 같이 부숴뜨리고 거리의 진흙 같이 쏟아 버렸나이다 주께서 나를 백성의 다툼에서 건지시고 열방의 으뜸을 삼으셨으니 내가 알지 못하는 백성이 나를 섬기리이다 저희가 내 풍성을 들은 즉시로 내게 순복함이여 이방인들이 내게 복종하리로다 이방인들이 쇠미하여 그 견고한 곳에서 떨며 나오리로다 여호와는 생존하시니 나의 반석을 찬송하며 내 구원의 하나님을 높일찌로다 이 하나님이 나를 위하여 보수하시고 민족들로 내게 복종케 하시도다 주께서 나를 내 원수들에게서 구조하시니 주께서 실로 나를 대적하는 자의 위에 나를 드시고 나를 강포한 자에게서 건지시나이다 여호와여 이러므로 내가 열방 중에서 주께 감사하며 주의 이름을 찬송하리이다 여호와께서 그 왕에게 큰 구원을 주시며 기름 부음 받은 자에게 인자를 베푸심이여 영영토록 다윗과 그 후손에게로다 (시 18:32-50)

메시아는 자신의 죽음을 흠 없는 제물 삼아 기도한 대로 하나님께서 회개한 죄인들을 구원하시고 자신과 하나로 연합된 백성이 되게 해 주심을 감사하며 찬송하고 있습니다. 죄인이었던 자들이 자신과 함께 여호와 하나님을 **"우리 하나님"**으로 부를 수 있게 특권을 허락하신 것이 모두 메시아 자신의 죽음과 그가 드린 기도에 응답하신 하나님의 은혜 때문임을 감사드리는 것입니다.

이어지는 말씀에서는 그 은혜가 어디까지 확장되는지를 알려줍니다. 하나님께서 다윗을 능하게 하신 일을 통해 그 점을 밝힙니다. **"이 하나님이 힘으로 내게 띠 띠우시며 내 길을 완전케 하시며 나의 발로 암사슴 발 같게 하시며 나를 나의 높은 곳에 세우시며 내 손을 가르쳐 싸우게 하시니 내 팔이 놋 활을 당기도다"**(32-34). 하나님께서 다윗을 전쟁에 능한 용사가 되게 하신 일을 묘사하고 있습니다. **"띠"**를 띠운다는 것은 '강하게 하신다'는 뜻입니다. 주님께서 전쟁을 위해 필요한 힘과 능력을 공급하신다는 말입니다. 그것을 병행적으로 **"내 길을 완전케 하시며"**라고 설명합니다. 다윗이 벌이는 전쟁에 방해되는 모든 장애물을 제거하셨다는 뜻입니다. 또 **"내 발을 암사슴 발 같게 하시며 나를 나의 높은 곳에"** 세우시는 분입니다. 암사슴은 높고 위험한 지대도 쉽게 갈 수 있을 정도로 발디딤이 확실한 동물입니다. 하나님께서 다윗을 아무도 침범치 못할 높은 자리, 온 세상 통치자의 자리에 앉히셨습니다. **"내 손을 가르쳐 싸우게 하시니 내 팔이 놋 활을 당기도다"**. 내 팔이 놋 활을 당기기까지 합니다. 놋 활은 그 누구도 당길 수 없는 강력한 무기를 뜻합니다. 하나님이 다윗에게 어떤 전쟁에서라도 승리할 수 있는 강력한 힘을 주셨다는 것입니다.

하나님은 다윗을 모든 위험에서 지켜주셨습니다. **"주께서 또 주의 구원하는 방패를 내게 주시며 주의 오른손이 나를 붙들고 주의 온유함**

이 나를 크게 하셨나이다 내 걸음을 넓게 하셨고 나로 실족지 않게 하셨나이다"(35, 36). 하나님은 다윗에게 구원의 방패를 주셨습니다. 어떠한 대적의 공격이나 침략이 있어도 **"주의 오른손"**, 곧 하나님의 전능하심이 나를 붙들고 유지하여 크게 하시리라, 하나님이 온유함으로 나와 함께 하시므로 내가 어떤 전쟁에서도 패하지 않고 승리할 수 있게 되리라는 뜻입니다. **"온유함"**이란 여기서 자기를 낮추는 모습을 뜻합니다. **"주의 온유함이 나를 크게 하셨나이다"**라는 말씀은 다윗을 구원하시고 보호하기 위해 하나님이 자신을 낮추시고 내려와야 했다는 사실을 암시하고 있습니다. 하늘 영광에 높이 앉으신 하나님이 피조물인 죄인들이 벌이는 전쟁에 참여하여 택한 자를 구하시고 지탱하게 하시며 크게 하시는 일은 자신을 지극히 낮추신 하나님의 온유함 때문에 가능한 일이었습니다. 마치 자식을 구하기 위해서라면 아무리 위험하거나 더러운 바닥이라도 망설임 없이 뛰어드는 부모의 모습과 같습니다. 하나님이 다윗을 왕으로 삼으신 이유는 오직 높으신 하나님이 자기를 낮추사 죄인들을 위해 다윗을 택하셨기 때문입니다. 하나님은 그렇게 부르신 다윗에게 강력한 왕권을 허락하시어 그 자리에서 흔들리지도 않게 하셨습니다.

다윗은 승리의 역사를 이어나갈 것입니다. **"내가 내 원수를 따라 미치리니 저희가 망하기 전에는 돌이키지 아니하리이다 내가 저희를 쳐서 능히 일어나지 못하게 하리니 저희가 내 발 아래 엎드러지리이다 대저 주께서 나로 전쟁케 하려고 능력으로 내게 띠 띠우사 일어나 나를 치는 자로 내게 굴복케 하셨나이다 주께서 또 내 원수들로 등을 내게로 향하게 하시고 나로 나를 미워하는 자를 끊어버리게 하셨나이다"**(37-40). 등을 보이고 도망가는 원수들을 끝까지 추격하여 철저히 망할 때까지 돌이키지 않으므로 원수들이 일어나지 못하고 발아래 엎드러질 것이라

합니다. 하나님께서 다윗을 전쟁에 능하게 하심으로 다윗을 미워하여 치는 자들을 굴복시키고 진멸시키사 왕위에 올라 이스라엘을 통치하게 하셨습니다. 다윗은 그 모든 공로를 하나님께 돌립니다. 하나님께서 힘 주시므로 원수를 굴복시킬 수 있었다는 것입니다.

원수들 중엔 여호와 하나님을 따르는 것처럼 보이는 이들도 있었습니다. **"저희가 부르짖으나 구원할 자가 없었고 여호와께 부르짖어도 대답지 아니하셨나이다 내가 저희를 바람 앞에 티끌같이 부숴뜨리고 거리의 진흙같이 쏟아 버렸나이다"**(41,42). 제사와 기도 같은 종교의식을 거행하여 하나님을 믿는 것처럼 보이는 자들 중에도 다윗의 원수가 있었다는 뜻입니다. 심지어 다윗의 아들이 아버지의 왕좌를 찬탈하려는 목적으로 반역을 일으키기도 했습니다. 그런 자들이 아무리 다윗을 제거하려고 힘을 다하며, 또한 하나님이 자기들을 지지한다고 믿고 부르 짖어 기도해도 하나님은 다윗의 왕권을 굳게 하셨습니다. 외부 대적들 뿐만 아니라 내부 대적들도 하나님께서 진멸시켜 주셨음을 고하는 것입니다. 하나님의 도우심으로 다윗의 통치가 이스라엘 안팎으로 완전하게 구현되었음을 말하고 있습니다.

그 점에 대해 더 자세히 말합니다. **"주께서 나를 백성의 다툼에서 건지시고 열방의 으뜸을 삼으셨으니 내가 알지 못하는 백성이 나를 섬기리이다 저희가 내 풍성을 들은 즉시로 내게 순복함이여 이방인들이 내게 복종하리로다 이방인들이 쇠미하여 그 견고한 곳에서 떨며 나오리로다"**(43-45). 하나님께서 주신 힘으로 전쟁을 치르는 수고를 통하여 얻게 된 결과 이방인들도 유다 왕 다윗에 관한 소식을 귀로 듣기만 해도 순종하고 굽신거리며 섬긴다고 합니다. 자기 백성 중에 있는 대적들을 물리치고 왕이 되었을 뿐만 아니라 열방의 으뜸이 되게, 온 세상 민족의 통치자가 되게 하시리라는 것입니다.

이와 같이 다윗의 통치권이 강화되어 이스라엘뿐만 아니라 이방 나라들까지 통치하게 된다는 사실은 단순히 다윗 왕권에만 해당되는 사실이 아님을 이미 확인했습니다. 죄인들을 구원하시는 메시아의 능력과 권세가 얼마나 강력한지 유대인만이 아니라 이방인까지 구원하여 다스리는 왕이심을 알게 하는 증거로 주신 말씀입니다. 한 사람이 죄를 회개하고 돌이켜 구원받아 교회에 속하고 거룩한 사람으로 자라가는 것은 전적으로 메시아의 승리요, 그의 능력 앞에 사단의 권세는 철저히 패배했다는 사실을 다윗이 갖게 된 권세와 승리로 예표하셨습니다. 훗날 예수님은 병든 자를 고치시고 귀신을 쫓아내시며 죽은 자를 살리심으로 다윗 왕권이 예표한 참된 왕과 그 권세의 주인이 자신임을 알게 하셨습니다. 유대인이나 이방인 중에 하나님이 택하신 자들을 죄에서 불러내사 거룩한 백성으로 살아가도록 그들을 사로잡고 있는 모든 악한 권세를 진멸하고 데려오는 분이심을 증거하는 것입니다. 사람들이 보기에 예수님이 하신 일은 이스라엘을 애굽에서 구출해 낸 모세나 주변 나라들을 정복하고 약속의 땅을 통합한 통치자인 다윗의 업적에 미치지 못하는 것 같으나 실은 이처럼 모세나 다윗이 가리키고 예표한 참되고 영원한 권세자이심을 알리셨습니다. 죄인을 구원하시기에 부족함이 없는 전능하신 통치자라는 말입니다.

메시아는 이 모든 일이 하나님의 은혜와 능력 때문임을 고백합니다. **"여호와는 생존하시니 나의 반석을 찬송하며 내 구원의 하나님을 높일지로다 이 하나님이 나를 위하여 보수(報讐)하시고 민족들로 내게 복종케 하시도다"**(46, 47). 살아계신 여호와 하나님이 내 반석 되심을 찬송하며 구원의 주체 되심을 인해 높여드립니다. 메시아를 죽음에서 다시 살리시고, 메시아를 위해 복수해 주셔서 **"민족들로 내게 복종케"** 하셨기 때문입니다. 유대인과 이방인 모두를 사로잡고 있는 죄악의 권세를 무력화시키고, 그들 가운데서 회개하는 자들을 구원하여 하나님 백성이 되게 하신 분이 여호와 하나님이시라는 말입니다.

하나님은 메시아의 죽음과 부활이라는 독특한 방식으로 그 일을 이루십니다. **"주께서 나를 내 원수들에게서 구조하시니 주께서 실로 나를 대적하는 자의 위에 나를 드시고 나를 강포한 자에게서 건지시나이다"**(48). 메시아를 죽음에서 다시 살리심으로 사람들이 율법을 어긴 죄를 해결하고 반역자 된 위치에서 벗어나게 하시는 일을 이렇게 묘사하고 있습니다. 그것이 하나의 큰 전쟁이었고 하나님은 그 전쟁에서 승리하셨습니다. 표면적으론 그 아들의 죽음으로 인해 하나님의 실패로 보인 전쟁이었으나 실은 하나님의 참되고 영원한 승리였습니다. 그 아들을 살리심으로 온 세상 모든 민족을 구원하고 심판할 왕의 자리에 앉게 하셨기 때문입니다. 다윗은 전쟁의 승리와 그로 인해 확립된 왕권이 그 점을 예표하는 줄 알고 이렇게 기록하였습니다.

이 말씀이 그와 같은 의미라는 사실은 다음 구절에서 분명해집니다. **"여호와여 이러므로 내가 열방 중에서 주께 감사하며 주의 이름을 찬송하리이다"**(49). 메시아를 열방의 왕이 되게 하신 하나님께 감사하며, 그의 이름을 찬송한다는 말입니다. 사도 바울이 이 구절의 의미를 이렇게 설명합니다. **"내가 말하노니 그리스도께서 하나님의 진실하심을 위하여 할례의 수종자가 되셨으니 이는 조상들에게 주신 약속들을 견고케 하시고 이방인으로 그 긍휼하심을 인하여 하나님께 영광을 돌리게 하려 하심이라 기록된바 이러므로 내가 열방 중에서 주께 감사하고 주의 이름을 찬송하리로다 함과 같으니라"**(롬 15:8,9). 바울은 로마서에서 성도들에게 기질과 성향, 그리고 민족이나 언어나 피부색이 달라도 믿음만 있으면 다 형제로 받아들이라는 권면을 베푸는 중 이 구절을 인용합니다. 오래전 다윗이 기록한 시편 말씀에 이미 하나님께서 이방인 중에서도 회개하는 자를 구원하실 것을 예고하였기 때문이라는 의미입니다. 사도 바울이 이해하기로 시편 18편은 예수 그리스도가 이방 민족 중에서도 자기 백성을 찾아 구원하실 것임을 알리는 예언이었습니다. 유대인이나 이방인을 가리지 않고 오직 믿음으로만 구원받아 하나님 나라의 백성이 되는 날이 예수 그리스도와 함께 열릴 것임을 전하는 것입니다. 지금까지 다윗에게 허락하신 전쟁의 능력과 승리자의 영광에 대한 언급은 모두 메시아가 죄인을 구원하고 하나님 보좌 우편에 앉으실 것을 예표하는 사건임을 알게 합니다.

온 세상 모든 만민 중에서 죄인을 구원하시는 것이 원수를 제압하는 메시아의 전쟁입니다. 사람으로서는 감당할 수 없는 영적 전쟁이자 가장 큰 전쟁입니다. 그러나 하나님은 메시아를 능하게 하사 그 전쟁에서 절대적인 승리를 누리게 하실 것입니다. 즉 하나님이 구원하기로 택한 자를 한 명도 잃어버리지 않고 다 구원하실 것입니다. 그것이 참된 승리입니다. 메시아는 하나님이 자기에게 그 승리를 허락하실 것을 확신하며 죽음의 고난 중에서도 이와 같이 찬송하는 것입니다.

이 모든 사실을 결론적으로 서술합니다. **"여호와께서 그 왕에게 큰 구원을 주시며 기름 부음 받은 자에게 인자를 베푸심이여 영영토록 다윗과 그 후손에게로다"**(50). **"여호와께서 그 왕에게 큰 구원을 주시며"**를 직역하면 '그의 왕의 구원을 크게 하시며'입니다. 하나님이 자기 왕에게 큰 구원을 주시는 분이라는 뜻 이상의 의미가 있습니다. 여호와는 메시아에게 인자를 베푸사 죽음에서 일으켜 주실 뿐만 아니라 회개한 죄인들을 구원해 주시라는 간구를 온전히 이루어주시는 분이라는 고백입니다. 메시아가 자기의 죽음과 기도를 통해 이루고자 하는 구원 사역을 완수할 수 있도록 절대적인 능력과 은혜로 돕는 분이시라는 것입니다.

그 점을 독특한 방식으로 기록하고 있습니다. 49절까지 대부분 여호와 하나님을 2인칭으로 호칭하며 직접 이야기하는 형식을 취했던 것과 달리 여기서는 3인칭을 사용하여 **"그의 왕의 구원을"** 크게 하는 분이심을 알립니다. 지금까지 언급한 모든 사실을 성도들이 바라보는 시각에서 서술하는 동시에 하나님 나라가 세워지고 존속되는 방식의 핵심적인 의미를 강조하고 있습니다. 다윗과 그 후손을 능하게 하사 구원을 이루시는 주체는 여호와 하나님이심을 모두가 알고 찬송해야 마땅하다는 것입니다. **"다윗과 그 후손에게로다"** 에서 **"그 후손"** 은 단수 형태로 다윗의 후손으로 오실 한 분 메시아를 가리킵니다. 예수님에 대해 **"그가 큰 자가 되고 지극히 높으신 이의 아들이라 일컬어질 것이요 주 하나님께서 그 조상 다윗의 왕위를 그에게 주시리니 영원히 야곱의 집을 왕으로 다스리실 것이며 그 나라가 무궁하리라"**(눅 1:32,33)라고 선언한 것과 같습니다. 하나님이 다윗을 강하게 하사 원수들을 제압하고 이방 나라들까지 다스리게 하셨던 것처럼, 다윗의 후손으로 오실 메시아를 강하게 하시므로 죄인을 구원하기에 능한 참되고 영원한 통치자가 되게 하실 것이며 그가 바로 예수 그리스도라는 의미입니다. 2편에서 **"내가 나의 왕을 내 거룩한 산 시온에 세웠다 하시리로다 내가 영을 전하노라 여호와께서 내게 이르시되 너는 내 아들이라 오늘날 내가 너를 낳았도다 내게 구하라 내가 열방을 유업으로 주리니 네 소유가 땅끝까지 이르리로다"**(시 2:6-8)라고 선포한 대로 이루어지는 것입니다. 50절은 그 점을 결론적으로 선언합니다.

주의 백성들은 이러한 사실을 믿고 고백하는 자들입니다. 다윗 시대를 비롯하여 예수님이 오시기 전 시대의 성도들은 이와 같은 계시를 통해 다윗보다 능하신 메시아가 오실 것을 믿고 대망하며, 예수님 오신 이후의 성도들은 십자가에 못 박혀 죽고 부활하신 그분이 바로 다윗이 예표한 메시아임을 확인하고 구세주로 영접하는 믿음을 견고히 하는 자들입니다. 다윗이 전한 계시에서 메시아의 참된 통치권을 깨닫고 예수님께 자신을 의뢰하는 것입니다. 가난한 목수의 아들로 태어나 잠시 이 세상에 선한 영향력을 끼치는 듯했으나 금방 사람들에게 붙잡혀 죽임당한 것으로 생을 끝낸 듯한 나사렛 예수가, 실은 천하를 통일한 다윗보다 능한 왕이시며 죽음과 부활로 세상 죄를 사하시고 회개하는 자들을 구원하여 세상을 다스리는 참된 통치자라는 사실과, 이 모든 일을 처음부터 계획하시고 알리시고 성취하신 분이 여호와 하나님이심을 믿고 고백하는 것입니다.

말씀 묵상하며 시편찬송 부르기

# 경건한 자에겐 신실을

시편 18:25-31 (4)

GOELDEL, L.M.

1. ²⁵경건한 자에겐 신실을 완
2. ²⁷가난한 백성 구하시며 교만
3. ²⁹주의 지해적진 달리며 담
4. 주는 그에게 피하는 모든

전한 자에겐 완전 을 ²⁶그 릇된 사람 등
한 눈 낮추어 심이 리라 ²⁸주 께의 서 길 은 완
을 뛰어넘는 방패 시 라 ³⁰주 우리 의 하 나
사람의 방패 시 라 ³¹우 리

에 게는 주의 거스름 보이시 니라
불 켜 사내 흑 암 밝 히 시 리 요
전 하 며 말 씀 은 순 전 하시 리
님 외 에 그 누 가 반 석 이 리 요

말씀 묵상하며 시편찬송 부르기 · 18편

# 귀로 듣기만 하여도

시편 18:44-50 (6)

# 크리스천르네상스 도서 목록

## 신학과 삶을 위한

**수난당하시는 그리스도**
클라스 스킬더 설교집 1
클라스 스킬더 (지은이)
손성은 (옮긴이)
647쪽
34,000원

**성품**
하나님의 형상을 찾아서
임경근 (지은이)
296쪽
21,000원

**스물한 가지, 기독교강요**
21가지 주제로 읽는 해설집
박동근 (지은이)
732쪽
38,000원

**믿배따닮**
예수를 믿고 배우고 따르고 닮다
서창원 (지은이)
440쪽
23,000원

**칼빈의 예정론과 섭리론**
그의 중간개념 (medium quiddam)을 중심으로
김재용 (지은이)
300쪽
20,000원

**신학은 삶이다 (개정판)**
서창원 (지은이)
272쪽
16,000원

**한 권으로 읽는
튜레틴 신학**
이신열, 권경철, 김은수,
김현관, 문병호, 유정모,
이은선 (지은이)
344쪽
25,000원

**성경과 환경문제**
이신열 (지은이)
336쪽
24,000원

## 말씀 이해를 돕는 <XR 성경강해>

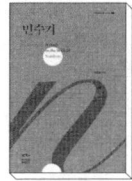

**민수기 - 시리즈 1**
이광호(지은이)
424쪽
24,000원

**에스겔 - 시리즈 2**
이광호(지은이)
556쪽
26,000원

## 예배를 돕는 <시편찬송가>

**시편찬송가**
크리스 천르네상스(지은이)
448쪽
25,000원

## 고백과 신앙을 위한

**그 아들에게 입맞추라
 - 시리즈 1**
신혁(지은이)
264쪽
19,000원

**웨스트민스터 신앙고백,
삶을 읽다(상,하)**
웨스트민스터신앙고백
해설서
정요석(지은이)
540쪽, 548쪽
각 27,000원

**가난한 자들을
잊지 마옵소서
 - 시리즈 2**
신혁(지은이)
264쪽
19,000원

**선교사들의 이야기 <안경말 시리즈>**

**기독교 역사의 이해를 돕는**

**언더우드와 함께 걷는
정동 - 시리즈 1**
양신혜 (지은이)
388쪽
24,000원

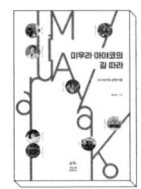

**미우라 아야코의 길 따라**
아사히카와 문학기행
권요섭(지은이)
168쪽
16,000원

**아담스와 함께 걷는
청라언덕 - 시리즈 2**
양신혜 (지은이)
352쪽
24,000원

**기욤 파렐과 종교개혁**
16세기 스위스 로망드 지역
종교개혁사
권현익(지은이)
806쪽
50,000원

**<워크북>
언더우드와 함께 걷는
정동 워크북**
양신혜 (지은이)
80쪽
8,000원

시편 강해 II

**가난한 자들을 잊지 마옵소서**

2025년 09월 04일 초판 인쇄
2025년 09월 24일 초판 발행

지은이 신혁
펴낸이 정영오
펴낸곳 크리스천르네상스
출판등록 제2019-000004호(2019. 1. 31)
주소 경기도 안산시 단원구 와동로 5길 3, 301호(와동, 대명하이빌)
표지디자인 디자인집(02-521-1474)

ⓒ 신혁, 2025

신저작권법에 의하여 한국 내에서 보호받는 저작물이므로 무단 전재와 무단 복제를 금합니다.
잘못된 책은 구입처에서 교환하여 드립니다.

ISBN 979-11-94012-11-5(03230)

값 19,000원